本成果受河北大学燕赵文化研究院学科建设经费资助

# 政策变化背景下国际贸易对技术创新的影响研究

The Effects of International Trade on Technological Innovation
in the Context of Policy Changes

王智新 著

人民出版社

策划编辑:郑海燕
责任编辑:张　蕾
封面设计:胡欣欣
责任校对:周晓东

**图书在版编目(CIP)数据**

政策变化背景下国际贸易对技术创新的影响研究/王智新 著. —北京:
人民出版社,2021.7
ISBN 978 - 7 - 01 - 023452 - 6

Ⅰ.①政…　Ⅱ.①王…　Ⅲ.①国际贸易-影响-企业-创新-研究-中国
Ⅳ.①F279.23

中国版本图书馆 CIP 数据核字(2021)第 092069 号

政策变化背景下国际贸易对技术创新的影响研究

ZHENGCE BIANHUA BEIJING XIA GUOJI MAOYI DUI JISHU CHUANGXIN DE YINGXIANG YANJIU

王智新　著

人民出版社 出版发行
(100706　北京市东城区隆福寺街 99 号)

中煤(北京)印务有限公司印刷　新华书店经销

2021 年 7 月第 1 版　2021 年 7 月北京第 1 次印刷
开本:710 毫米×1000 毫米 1/16　印张:12.5
字数:140 千字

ISBN 978 - 7 - 01 - 023452 - 6　定价:80.00 元

邮购地址 100706　北京市东城区隆福寺街 99 号
人民东方图书销售中心　电话 (010)65250042　65289539

# 目　　录

# 导　　论

国际贸易和技术创新之间存在紧密的关系,这一结论已得到新古典贸易理论和新贸易理论的支持。进入 21 世纪,国际贸易领域出现一些新现象,无法用传统贸易理论加以解释,而以梅利兹(Melitz)为代表的新新贸易理论则给出较为合理的阐述,成为当今世界国际贸易理论发展的前沿方向。异质性企业贸易理论认为,企业通过"出口中学"效应,既可以接触到更加先进的知识资本,及时获得国外研发的溢出效应,又可以灵活应对国际市场需求变化,提高国际化经营水平,不断积累技术研发资本,最终实现企业技术创新绩效稳步提升和国际竞争力不断增强。自 2008 年国际金融危机爆发以来,世界经济持续低迷,复苏乏力,主要经济体频繁调整政策。因此,在政策变化背景下研究国际贸易与技术创新之间的关系,既非常迫切又异常重要。

## 一、现实背景与问题的提出

以亚当·斯密(Adam Smith)和大卫·李嘉图(David Ricardo)为代表的古典经济学家和以赫克歇尔和俄林为代表的新古典经济

学家先后对早期的资本主义国家和部分发展中国家之间的贸易基础、贸易模式和利益分配等问题进行研究,但涉及政策变化、国际贸易与技术创新的内容不多。因为在这个历史时期,国家是贸易活动的主要参与者,国与国之间的界限比较"明显",经济体之间非常松散,绝大部分贸易活动是建立在发达国家的工业制成品与发展中国家的初级产品之间的产业间贸易,参与贸易的国家均能获得收益,真正大规模的企业国际化活动还没有正式开始。所以,这个时期的贸易理论基本以市场完全竞争、规模报酬不变、需求偏好相似和要素国内流动等为假设条件,以不同国家产业间贸易为研究对象,以各个国家比较优势为研究重点,以各国比较优势开展贸易能够增加社会福祉为研究结论。一般均衡模型应用于企业所在国家或产业,企业边界局限于国内,企业规模模糊不清。由此可见,这个时期的贸易理论假定一国国内所有企业都是同质的,彼此之间不存在差异,基本上既不研究企业规模,又不研究企业边界。

第二次世界大战后,随着和平与发展成为世界各国的共识,国际贸易领域出现以下一些新变化:发达国家之间的贸易占据世界贸易总量的绝对份额,跨国公司开始出现并且逐渐成为国际贸易与投资的主导力量,产业内贸易取代产业间贸易成为国际贸易领域的代表形式,不完全竞争代替完全竞争成为国际贸易市场的典型特征等。由于这些现象已经超出古典贸易理论和新古典贸易理论的研究范畴,理论界和实务界迫切希望能有一种全新的贸易理论来解释这些变化。20世纪80年代初,以保罗·克鲁格曼(Paul Krugman)为主要代表的一批经济学家依据产业组织理论和市场结构理论,利用不完全竞争、规模报酬递增、多样化偏好和产品异质性的概念和思想构筑新的贸易理论体系,解释第二次世界大战结束以来国际贸易领域呈现的新变化、新特点和新格局。新贸易理论认为,生产率差异或要素禀赋差异并不是进行国际贸易的必要条件。贸易收益不仅来源于比较优势,而且来自规模报酬、产品差异、市场竞争、重叠需求、先行优势等。贸易成本来源于市场风险、行业调整、技术升级、偏好转移、市场规模等方面。开展国际贸易可能是扩大市场规模、增加竞争程度和获取规模收益的途径。所以,参与国际贸易并不一定都能获取贸易收益,利益受损的可能性依然存在。另外,新贸易理论认为国际贸易与国际投资是企业进入国际市场的不同模式。不过,虽然新贸易理论以产业为研究对象,触及产品差异和企业规模,但是为了研究简便,仍然选用典型企业,所有企业的技术水平、市场规模、产品质量、研究开发等因素同质,既没有考虑不同企业间的差异,也没有考虑企业的边界问题。

　　进入 21 世纪,国际贸易领域又出现一些新变化。研究成果表明,一个国家大多数企业仅在国内生产,服务国内消费者,一些企业采取直接出口模式或间接出口模式供应于国际市场,还有一些企业采取跨国并购模式或绿地投资模式驰骋全球。一些跨国公司内部贸易蓬勃发展,与此相对照,另一些跨国公司只专注自身核心竞争力业务,不断将部分业务按照全球价值链的组织规模、地理分布与生产性主体发包给其他公司。然而,着眼于产业层面的新贸易理论无法解释这些来自微观数据揭示的异质性企业贸易现象。因此,国际贸易理论又一次面临着突破、拓展和创新。以梅利兹(2003)为代表的新新贸易理论,将研究聚焦于异质性企业,构建异质性企业贸易理论模型,研究企业的贸易行为、投资选择与全球生产组织模式选择①,为国际贸易理论发展提供了新的研究视角。

与此同时,自 2008 年国际金融危机以来,全球经济复苏依然乏力,世界政治不确定性日益凸显,国际政治和国际关系扑朔迷离,逆全球化浪潮暗流涌动。尤其是自 2016 年以来,英国"脱欧"、特朗普当选美国总统等"黑天鹅"事件相继发生,全球地缘政治深度重构、世界经济波动持续加剧、全球范围极端天气等"灰犀牛"式危机层出不穷,全球政治不确定性持续加大,各国经济复苏和政策运用的变动性、复杂性持续加大,不仅影响国际贸易新动能塑造与全球价值链重构,而且影响我国国际经济合作经济新优势培育与引领。在异质性假设下,政策变化如何影响制造业企业出口规模? 政策变化如何影响服务业企业出口质量? 政策变化如何影响全球价值链嵌入进而影响中国企业创新绩效? 政策变化是否通过企业所在城市的行政级别对企业技术创新产生显著影响? 政策变化是否以及如何影响企业绿色技术创新绩效? 营商政策变化是否以及如何影响企业技术创新? 未来值得研究的方向有哪些? 等等。我们对此无法给出准确的答复。2020 年 5 月 23 日,习近平总书记看望参加全国政协十三届三次会议的经济界委员并参加联组会时强调:"要坚持用全面、辩证、长远的眼光分析当前经济形势,努力在危机中育新机、于变局中开新局。"②这一论述为本书解决这些问题指明了新的研究视角和研究思路。深入研究政策变化背景下国际贸易对技术创新的影响研究,既有助于促进我国企业适应国际政治和国际关系形势变化新常态,进一步增强我国出

---

① 王智新:《异质性企业创新与国际化模式选择研究》,人民出版社 2020 年版,第1—4页。
② 《坚持用全面辩证长远眼光分析经济形势 努力在危机中育新机于变局中开新局》,《人民日报》2020 年 5 月 24 日。

口贸易与技术创新的积极性、主动性和创造性，又有助于国际贸易新动能塑造与全球价值链重构，不断培育与引领我国国际经济合作竞争新优势，还有助于积极参与全球治理体系改革、推动实现全球治理体系和治理能力现代化，是一项具有战略意义的研究课题，具有重要的理论价值和现实意义。

## 二、研究意义

在理论层面，深入挖掘政策变化影响异质性企业出口及技术创新的内在机理与作用机制，在更大程度上推进异质性企业贸易理论的发展。比如政策变化对企业出口质量的影响，本书认为，之所以政策变化与服务业企业出口扩展边际之间存在显著的负相关关系，原因是政策变化影响服务业企业国际市场进入模式选择，延缓服务业企业国际市场进入速度，增加出口企业国际市场进入成本。再比如营商政策变化对企业技术创新的影响，本书发现，营商政策变化影响企业技术创新的途径主要有：一是营商政策经由企业国际贸易变化对企业技术创新产生影响，二是营商政策通过影响工人受教育程度，进而影响企业技术创新水平和绩效。本书的研究成果在一定程度上丰富了异质性企业贸易理论的内涵，推进国际贸易理论的进一步发展。

在实践层面，党的十九大报告明确指出，"开放带来进步，封闭必然落后。中国开放的大门不会关闭，只会越开越大"，"坚持引进来和走出去并重，遵循共商共建共享原则，加强创新能力开放合作，形成陆海内外联动、东西双向互济的开放格局"①。企业如

---

① 习近平：《决胜全面建成小康社会　夺取新时代中国特色社会主义伟大胜利——在中国共产党第十九次全国代表大会上的报告》，人民出版社 2017 年版，第 34—35 页。

何在更大规模、更广范围、更高层次上成功走出国门,走向世界,主导国际市场定价权和国际标准制定权,参与和引领国际经济合作竞争新优势是一个值得深入思考的战略性问题。本书深入挖掘政策变化的经济效应,探究政策变化对国际贸易与技术创新的影响,在一定程度上为科学合理解决这些问题提供重要的思路和建议,既有利于增强我国企业出口与技术创新的积极性、主动性,又有利于不断培育与引领我国国际经济合作竞争新优势,因此,具有非常重要的现实指导意义。例如,本书提出,一是政府应该尽可能降低宏观政策调控的频率,建立稳定的经济市场秩序,保证市场稳定运行,降低经济政策变化,这样将会使企业出口增加,带动经济增长;二是经济政策变化对企业出口的影响机制是融资成本的增加,建议政府应该降低企业贷款的利息、交易的手续费等,从而使得融资成本尽可能地降低,企业出口增加;三是对企业出口进行一系列奖励措施,发挥对外经济交流政策的作用,企业应积极响应国家政策,尤其是国有企业应起到示范作用。

### 三、研究方法

研究方法是在科学研究中发现新事物、新现象、新问题,或提出新理论、新思想、新观点,揭示研究内容内在规律的途径或工具。本书试图采用理论研究、经验研究与案例分析相结合,定性分析、建模分析与统计分析相结合的方法进行系统化研究,使用的方法主要包括文献分析、理论分析、计量回归等。

具体来讲,在现实考察、理论研究与提出问题部分,本书运用调查研究与文献综述的方法。在本书主体部分,运用定量分析与定性分析相结合的方法,包括文献分析、归纳分析和演绎分析等,具体来说,运用统计分析、传统计量回归、倾向得分匹配方法等。

**四、研究内容**

根据研究框架,全书的研究内容包括以下几个方面:

导论主要阐述选题背景与意义、研究方法与研究内容。

第一章是相关理论与研究成果综述。依次对政策变化测算及其经济效应,政策变化与企业出口,政策变化、价值链嵌入与企业创新等文献进行综述,指出可能存在的创新之处。

第二章研究经济政策变化对制造业企业出口的影响。结果发现,随着经济政策变化的增加,企业出口的可能性和出口数量将会显著降低。这个结论具有较强的稳健性。另外,本章还从经济政策变化对企业融资成本的影响,对经济政策变化影响企业出口的内在机制进行探讨。

第三章在异质性假设下,研究政策变化对服务业企业出口质量的影响,结果发现,降低政策变化显著提高服务业企业出口扩展边际,不过没有发现政策变化对出口集约边际的影响。

第四章实证分析政策变化下价值链嵌入对企业创新绩效的影响。结果显示,全球价值链嵌入显著提高我国企业创新绩效,这一结论具有较强的稳健性。另外,本书还对全球价值链影响企业创新绩效的内在机制进行分析。

第五章利用世界银行中国企业微观数据库,实证分析营商政策变化对企业技术创新的影响。计量结果显示,营商政策改善显著促进企业技术创新。此外,本书还分析营商环境改善影响企业技术创新的内在机制。这些结论得到微观数据的支持。

第六章利用世界银行中国企业微观数据库,考察政策变化对企业绿色技术创新的影响。研究发现,控制其他条件不变,企业在生产与经营过程中政策变化与绿色绩效之间存在显著且稳健的负相关关系。本书证实政策变化的耗能效应是显著存在的,为绿色发展理念下严格管控能源消耗总量强度、显著提升企业绿色绩效提供微观经验证据,也为缓解资源环境瓶颈约束、实现经济高质量发展提供政策启示。

第七章利用世界银行中国企业微观数据库,实证分析政策变化对中国企业技术创新的影响。结果显示,政策变化显著促进企业技术创新,这一结论具有较强的稳健性。不过随着企业所在城市行政级别的提高,政策变化将负向影响企业技术创新。另外,本书还探讨政策变化影响企业技术创新的内在机制。

第八章是研究结论与政策建议。

# 第一章　相关理论与研究成果综述

从国际贸易理论发展来看,传统贸易理论主要研究产业间贸易,新贸易理论主要研究产业内贸易。无论是产业间贸易还是产业内贸易,这些理论均假定企业是同质的,某一个企业可以代表所在行业的所有企业,忽视行业内其他企业的具体特征。近些年,以梅利兹(2003)为代表的经济学者开始在微观层面考察企业异质性及其在国际贸易理论发展中的重要性,从而开辟国际贸易理论新的领域。这些研究成果对一些国际贸易经验事实给予令人信服的诠释,同时也为下一步研究提出崭新的研究方向和重要的研究课题。这一部分主要从异质性视角对相关理论与研究成果进行综述。

## 第一节　政策变化测算及其经济效应综述

关于政策变化,国内外研究目前主要集中于内涵界定、衡量测度、经济效应等方面。在内涵界定层面,部分成果认为,政策变化产生的原因在于政府决策与企业决策的信息不对称性。具体来说，在制定政策时，政府需要在现有政策总效用最大化与改变现有政策带来的成本之间斟酌，而企业需要在现有政策下个体利润最大化与现有政策改变带来的预期收益最大化之间权衡，这些情况导致政策变化的产生(Julio 和 Yook，2012)。还有部分学者认为，政策变化是由于意识形态、经济冲突、民众诉求等在现有体制框架下无法找到合理的解决办法而迫使现任政府在某些方面作出退让妥协(Carmignani，2003)。具体来说，政策变化分为两个层面：第一个层面是政治制度规则是否改变以及如何改变；第二个层面是政治制度改变带来的影响力(Kesten 和 Mungan，2016)。

关于政策变化的衡量测度，国内外研究成果主要采用以下三种方法。一是利用选举和更替。每个国家不同的政治领导人可能代表不同的施政纲领和政治偏好，政治选举的过程和结果与未来的政策走向和利益分配紧密相关，所以，不同的政治安排必然带来不同的宏观经济政策，涉及不同阶层不同群体的利益重新分配，势必影响未来心理预期，所以，通过政治领导人选举和更替衡量政策变化具有一定的合理性。国内外已有不少成果利用首脑选举或州长选举哑变量度量政策变化，用选举竞争激烈程度做稳健性分析。例如，在国家层面，部分学者或者利用 47 个国家 2001—2010 年 104 次选举构造政策变化的面板数据(Cao 等，2019)，或者利用 56 个国家 1989—2012 年 248 次政治选举(Lee 等，2020)，或者利用 30 个国家 1993—2008 年 103 次政治选举(Li 等，2018)进行研究。值得说明的是，这些基于选举的政策变化研究都是以本国上市公司为研究样本。二是利用重大事件冲击。因为这类事件可能是宏观经济政策微调，也可能是提前解散现有政府或者解雇内阁成员。

例如,部分学者利用国际危机行动项目(ICB)数据库,以当年的国际政治危机数量和严重程度衡量当年世界政策变化(Huang 等,2005)。这种做法有一定的合理性,因为 ICB 定义国际政治危机的两个标准是改变两个或多个国家破坏性相互作用的类型或增强它们的强度,以及这种改变国家关系和挑战现有的国际体系结构。部分学者认为,由于1980年和1995年加拿大魁北克省有些居民希望摆脱与加拿大的隶属关系,分别举行一次全民公决,尽管最终没有达到半数以上居民的支持,不过,由于该省政治前景不太明朗,相对于其他省份来说,该省份的政策变化程度较高(Graham 等,2005)。部分学者利用第一次海湾战争和"9·11"事件衡量政策变化,探究其对企业投资如何受到资产重置能力的影响(Kim 和 Kungy,2017)。还有部分学者利用"阿拉伯之春"等重大事件冲击,检验政策变化对阿拉伯世界股市波动性的影响(Chau 等,2014)。三是利用政策变化指数。部分学者利用 1/2 的新闻指数、1/6 的税法法条失效指数、1/6 的经济预测差值指数和 1/6 的联邦/地方政府支出预测差值的加权总和衡量美国经济政策变化指数,而利用新闻指数衡量欧洲和中国的经济政策变化指数,借以衡量一个国家或地区的政策变化情况(Baker 等,2016)。

关于政策变化的经济效应,主要集中于政策变化对企业投资、绿色绩效等活动的影响,目前国内外这些成果尚未取得较为一致的看法。

在企业投资层面,部分成果认为,由于资本投入不可逆,所以政策变化导致企业延缓投资会带来更多的收益,所以,企业会降低投资支出和推迟投资(Julio 和 Yook,2012;Buckley 等,2007)。部分学者认为,政策变化显著降低企业投资,进一步研究发现,企业在选举年比非选举年投资降低4.8%(Julio 和 Yook,2012)。还有部分学者认为,东道国政治风险对中国企业对外直接投资具有显著的负面影响(Buckley 等,2007)。另一部分成果依据增长期权理论认为,企业面临政策变化时增加投资有可能与其他有价值的项目之间形成一个更高层次的供应链和价值链,可以为企业未来的发展创造积累更加有效的资本和开创更加广阔的市场空间,例如引领未来潮流的产品或服务、进入新市场新领域新空间的通道等,同时,随着政策变化程度不断增加,企业愿意持续增加投资,一方面为了在未来寻求更多更高效的价值增长点,另一方面为了在不利状况下通过出售资本获取一定的收益。部分学者的成果支持这种看法(Atanassov 等,2015)。他们利用美国1976—2013年地方层面的437次州长选举来衡量测度政策变化,研究其对美国企业研发投资的影响。结果发现,美国企业在州长选举年份的研发投资比其他年份高出4.6%,而且这种经济效应表现出显著的企业异质性。具体来说,一些政治敏感更高的、产品市场竞争更激烈的、增长期权较高的、感知州长选举更加激励性的行业企业来说,政策变化对企业研发投资的促进效应更加明显。

## 第二节　政策变化与企业出口综述

已有相关问题专家比较集中地研究经济政策的变化对经济发展的影响,少部分文献研究政策变化对宏观经济、投资决策、资源配置、出口贸易等产生的影响。从政策变化的类型来看,已有文献研究贸易政策变化（Handley，2014；Handley 和 Limão，2015；Crowley 等，2018；Handley 和 Limão，2017；Feng 等，2017）、汇率政策变化（Garret 和 Andreas，2017；Gholamreza 等，2017）、宏观政策变化（Alessandria 等，2015）、货币政策变化（Inmaculada 和 Florian，2017）、经济政策变化（Greenland 等，2014；Baker 等，2016；Fang 等，2017；Liu 等，2017）、企业生产率变化（Naudé 和 Gries，2013）等。有学者在异质性企业一般均衡框架下，检验贸易政策变化如何影响企业对出口市场的投资，进而对贸易、价格和实际收入产生影响，并利用中国加入 WTO 这一事件评估贸易政策变化带来的影响（Handley 和 Limão，2015）。有学者对已有新新贸易理论关于企业生产率符合某种分布的观点提出质疑，认为企业生产率存在不确定性，企业国际市场进入模式选择作为一种投资决策米看待，可能更为合适（Yalcin 和 Sala，2012；Naudé、Gries 和 Bilkic，2013）。有学者认为，企业生产率增长不是一个确定性的现象，而是随着时间流逝所产生的一个持续不断的随机波动的过程（Baily 等，2001），目前的研究成果尚未充分地解释企业国际市场进入模式选择的动态性和时间选择问题（Takechi，2011；UNCTAD，2011）。有学者创新性地选择"经济""不确定性""政策"等相关词汇在主流媒体中出现的频率来衡量一个国家宏观经济政策变化（Baker 等，2016），结果发现，在微观层面，政策变化提高企业股价波动幅度；在宏观层面，政策变化频繁预示着一个国家宏观经济重要指标比如投资、就业、产出等即将由盛转衰。这种测算政策变化指标的方法给本书很大启示。另外，有学者，以葡萄牙为例，从贸易政策变化角度解释企业进入出口市场以及在出口市场的销售行为（Handley 和 Limão，2015），在学界较早地实证分析政策变化对企业出口动态的影响,厘清学界关于不确定性存在的争论,具有较强的创新性。

对政策变化产生的国际贸易效应,已有文献至今没有达成一致。有学者从产品层面测算贸易政策变化对中国企业国际化动态的影响,结果发现,面临更多政策变化冲击的企业更加不容易开拓新的国际市场(Crowley 等,2018)。有学者发现,面对美国大幅度减税,可以通过增加产品(服务)质量、削减成本、降低价格等途径,提升并且强化中国对美国的出口竞争力(Feng 等,2017)。有学者在企业层面上分析东欧和中亚 26 个国家货币政策变化和政治环境不确定性对贸易二元边际的影响(Inmaculada 和 Florian,2017)。有学者发现,出口目的国的经济政策变化频繁,将导致流入这些国家的出口量显著下降。当贸易成本不可逆时,不确定性对贸易流动的影响明显增强(Greenland 等,2014)。有学者考察墨西哥经济改革时发现,减少贸易政策变化显著促进墨西哥出口贸易(Maloney 和 Azevedo,1995)。有学者发现,当贸易政策具有不确定性时,企业出口的可能性更低(Handley 和 Limão,2015)。还有学者对澳大利亚微观产品层面的进口贸易数据进行实证检验时发现,如果澳大利亚不实施 WTO 成立时的关税约束承诺,那么 1993—2001 年澳大利亚出口商品增长速度将会降低 7%。如果澳大利亚降低所有的约束关税至零,那么将有超过一半的进口商品会因贸易政策变化的减少而持续增长(Handley,2014)。有学者研究发现,政策变化对经济活动会产生很大的影响,所以那些能够减少政策变化的协定是十分重要的(Handley 和 Limão,2015)。

## 第三节　政策变化、价值链嵌入与企业创新综述

国内外不少学者认为,国际贸易与企业创新能力密切相关。部分学者研究表明,国际范围内的技术知识的流通和溢出很大程度上通过企业进出口贸易活动产生(Grossman,1991),这对于企业的技术创新和提高企业的创新绩效十分重要。凌学忠(2016)认为,市场开放性对创新绩效或经济绩效能够产生实质的影响,并从国家创新绩效的层面研究知识开放性、资源开放性和市场开放性对国家创新绩效和经济增长产生的影响。有学者研究表明,企业的创新绩效受"进出口学"的影响(Liu 和 Buck,2007)。余官胜(2011)发现,进出口贸易促进企业技术创新。从国内外研究成果可以得到启示:参与国际贸易可以促进企业技术创新,提高国际竞争力影响力。

国内外学者对全球价值链嵌入对企业创新绩效的影响进行较为系统的研究。王文成(2018)基于传统资源对经济发展的支撑力度减弱,认为全球价值链的嵌入能够带来新的发展布局,激发创新活力,促进企业的创新。凌丹和张小云(2018)在对全球价值链升级和企业技术创新的研究中发现,两者之间是相互促进的关系。影响企业创新绩效的因素主要有企业规模、企业年龄、人力资本、企业所在城市行政级别等。国外学者经过实证研究发现,企业规模与创新绩效之间存在积极的正向关系(Kam 等,2003),我国学者朱晋伟(2015)研究成果表明,R&D 经费比率与创新绩效在大型企业中呈正相关关系,而在中型企业里呈倒"U"型关系,这说明企

业创新绩效与企业规模有关,但是,陈俊(2012)对广东省130多家企业的数据进行了分析,发现企业规模对企业创新绩效存在显著的负相关关系,但是企业吸收能力对企业创新绩效是显著正相关的。王文成(2018)发现,企业年龄是影响企业创新的因素,认为企业年龄在一定程度上代表企业拥有经验累积和抗风险能力,对于企业创新具有促进作用。万俊(2015)选择专利数指标作为评判企业创新绩效,发现企业规模与企业年龄分别与企业创新绩效之间存在正相关关系。何悦和朱桂龙(2010)一致认为,学习导向的增强对企业创新绩效能够起到促进提高的作用。陈劲(2005)也对技术学习与企业创新绩效之间的关系进行了研究。宋艳(2009)等研究结果表明企业培养员工对企业创新具有十分重要的作用。

## 第四节　研究评述及改进之处

在异质性视角下,国内外学者的相关理论与研究成果丰富了异质性企业贸易理论,促进国际贸易理论的深入发展,为我国企业适应全球政治经济新情况、新变化,增强我国企业出口与技术创新的积极性主动性提供了重要的理论指导。不过,总体来说,已有研究仍停留在对优秀成果的借鉴阶段,专门研究政策变化背景下国际贸易与技术创新问题的深层次高质量成果仍很缺乏。部分成果虽涉及政策变化、企业出口与技术创新问题,但许多现实问题仍未得到合理解释,例如,政策变化对企业出口及技术创新的影响是否具有显著的异质性?产生这种结果的深层次原因是什么?政策变化对中国企业出口质量有什么影响？这种影响在制造业企业和服务业企业之间是否存在显著差异性？政策变化是否影响企业绿色创新绩效？等等。这些问题与我国企业"走出去"战略、创新驱动发展战略和科技强国战略紧密相关,亟须尽快深入研究。

# 第二章　经济政策变化对制造业企业出口的影响

政策变化是否影响制造业企业出口？这个问题在学界至今还没有得到较为一致的结论。本书利用世界银行中国企业微观数据库，对经济政策变化对制造业企业出口的影响进行分析，重点探讨经济政策变化是否显著影响制造业企业出口？是否随着金融可得性、融资成本、员工教育培训、电子商务、企业年龄、政企关系、企业规模、城市行政级别等控制变量的增加而发生改变，这些结论是否在进行变量替换、考虑内生性后仍保持较强的稳健性。另外，本书还对经济政策变化影响制造业企业融资成本，经济政策变化影响制造业企业出口的内在机制进行探讨。

## 第一节　经济政策变化是否影响制造业企业出口

根据国家统计局公布的近30年的数据，自20世纪90年代以来，我国国内生产总值持续上升，目前已成为世界上第二大经济体和第一大贸易国，国际贸易在其中发挥着重要作用。国内外较为成熟的研究结果表明:国内大部分企业并不出口商品,只有少部分企业参与出口活动(梅利兹,2003;伯纳德等,2012)。那么,经济政策变化如何影响企业出口决策和出口规模?

已有研究包括经济政策变化测算,政策变化对经济增长、企业投资等的影响等,而在微观层面开展经济政策变化对企业出口的研究成果较少。有学者发现,经济政策变化对美国出口产生显著的负向影响(Jones,2014;Zelekha 和 Bar-Efrat,2011)。有学者发现,美国经济政策变化对欧元区的交易价格产生的影响比欧元区经济政策变化产生的影响要大(Columbo,2013)。鲁晓东和刘京军(2017)基于中国与其他 59 个国家的出口数据和宏观经济变量,对外部政策变化与中国出口波动之间的关系进行分析,发现经济政策变化对中国企业出口产生显著的负向影响。大多数研究者认为,经济政策变化通过影响汇率波动,从而抑制企业出口。有学者基于 1990 年以来 10 个发达国家和新兴经济体的数据,对经济政策变化对汇率波动的影响进行分析,结果表明,东道国和美国经济政策变化直接增加汇率波动性(Krol,2014)。有学者分析经济政策变化对汇率波动的影响,发现经济政策变化影响汇率波动(Leblang 和 Bernhard,2006)。还有学者发现,经济政策变化创造出一个实物期权,通过影响交易成本,从而抑制企业出口(Handley 和 Limão,2015)。但是,中国经济政策变化是否影响制造业企业出口,目前还没有得到较为一致的结论。

本章剩余部分安排如下:第二部分是提出假说;第三部分是模型设计、变量选择以及统计分析;第四部分是基本结果与分析、稳健性检验以及分样本的拓展性分析;第五部分是经济政策变化影响中国企业出口的内在机制分析。

## 第二节　经济政策变化影响制造业企业出口:两个假说

宏观经济中经济政策变化或者金融市场不稳定加剧,导致信贷成本增加,商人、消费者以及金融机构将减少投资、消费或者商业借贷行为(Hakkio 等,2009)。经济政策变化和企业融资成本呈显著的正相关关系(Jesús 等,2015),并且融资成本和企业的资本支出以及投资呈现显著的负相关关系(Gilchritst,2014)。我们认为,经济政策变化通过影响企业融资成本来影响企业出口,其内在机理是随着经济政策变化频率的增加,整个宏观经济将会处于不稳定的状态,商人、消费者以及金融机构会随之变得敏感(Hakkio 等,2009)。为了延长生存时间或者获取未来的更高收益,企业将会减少出口。

根据上述分析,本章提出以下假说:

假说1:在其他条件不变的情况下,随着企业面临的经济政策变化增大,制造业企业将降低出口。

假说2:在企业的生产经营过程中,随着企业所面临的经济政策变化增加,制造业企业融资成本将会增加,最终降低企业出口。

## 第三节　经济政策变化影响制造业
## 企业出口的研究设计

### 一、模型设定

本章主要设计两种类型的计量模型:第一种模型是讨论影响

因素对于企业出口决策的影响,第二种模型是讨论影响因素对企业出口数量的影响。

## (一)二元响应模型

根据已有研究成果,利用模型(2-1)实证分析经济政策变化对企业出口的影响:

$$Prob(y_{1i} = 1 \,|\, x) = \alpha + \beta_0 x_{1i} + \beta_1 x_{2i} + \beta_2 x_{1i} \times x_{2i} + \beta_3 X_i$$

$$(2-1)$$

式(2-1)中,$y_{1i}$ 表示企业 $i$ 出口决策,即企业是否进行出口,若企业 $i$ 决定出口,则 $y_i = 1$,否则 $y_i = 0$。$x_{1i}$ 是指经济政策变化,即企业对经济政策变化的感知程度。$x_{2i}$ 是指企业生产率,即主要说明不同的企业生产率对企业出口决策的影响。$x_{1i} \times x_{2i}$ 是指经济政策变化与企业生产率的交互项,用来分析两者的交互作用对企业出口决策的影响。$X_i$ 表示其他控制变量,包括金融可得性、融资成本、员工教育培训、电子商务、企业年龄、政企关系、企业规模、城市性质级别。本章加入地区虚拟变量、所有制虚拟变量和产业虚拟变量。

## (二)回归模型

$$y_{2i} = \alpha + \beta_0 x_{1i} + \beta_1 x_{2i} + \beta_2 x_{1i} \times x_{2i} + \beta_3 X_i \qquad (2-2)$$

式(2-2)中,$y_{2i}$ 表示企业 $i$ 出口数量,利用企业的出口额对企业的出口数量进行计算,其他变量与模型(2-1)相同。

## 二、变量选择与变量含义

本章的数据来源于 2005 年世界银行中国企业微观数据库。

该数据库在国内外很多研究中被使用,该调查是运用科学的抽样方法对调查单位进行筛选,对调查数据的质量控制非常严格,可信度高、客观性高,且在国际上具有较高的权威性。该调查数据是对中国 120 个城市 12400 家企业进行的调查,数据年份涉及 2002—2004 年,包括企业的基本信息、投资环境、所有权、经济政策变化等主要指标,数据范围涉及我国除西藏和港澳台之外的 30 个省份(自治区或者直辖市),覆盖 30 个大类行业。根据已有的研究成果,本章对调查问卷数据进行筛选:(1)删除在职员工人数小于 5 的企业,此类企业员工人数较少,企业规模较小,因此不具有代表性。(2)删除在调查问卷中存在"没有回答"(Does Not Apply)、"不知道"(Do Not Know)此类回答,或者是没有进行回答的问卷数据,去除掉无效问卷,避免无回答误差对分析造成影响。在对调查问卷数据进行筛选后,对缺失主要指标数据的样本进行剔除,最终得到 2002—2004 年共计 10166 个企业数据。

具体变量和变量含义如下。

企业出口决策:利用调查问卷中"企业是否直接将产品出口(G4)"的结果。如果是,则为 1;反之,则为 0。

企业出口数量:利用调查问卷中"2004 年企业海外销售比例(包括香港、澳门、台湾)"和"2004 年企业核心业务收入""2004 年企业其他业务收入"测算,当年企业出口数量 = ln(2004 年出口额)。在问卷中对应的问题是 A24、AB1101 和 AB1107。

经济政策变化:利用调查问卷中"经济政策变化对企业运营与成长的影响程度多大"的结果,没有 = 0,较小 = 1,中等 = 2,很大 = 3,非常严重 = 4。从受访者自身角度来看,数值越大,说明政策变化的影响程度越高。在问卷中对应的问题是 B110。

2004 年企业生产率:利用调查问卷中"2004 年企业核心业务收入(AB1101)""2004 年企业其他业务收入(AB1107)"和"2004 年企业员工总数(AC12)"的结果,并进行自然对数处理。

2003 年企业生产率:利用调查问卷中"2003 年企业核心业务收入(AB1201)""2003 年企业其他业务收入(AB1207)"和"2003 年企业员工总数(AC22)"的结果,并进行自然对数处理。

2002 年企业生产率:利用调查问卷中"2002 年企业核心业务收入(AB1301)""2002 年企业其他业务收入(AB1307)"和"2002 年企业员工总数(AC32)"的结果,并进行自然对数处理。

交互项:利用经济政策变化与企业生产率相乘得到交互项,测算经济政策变化与企业生产率的交互作用对企业出口的影响。

金融可得性:利用调查问卷中"金融可得性对企业运营与成长的影响程度多大"的结果,没有 = 0,较小 = 1,中等 = 2,很大 = 3,非常重要 = 4。在问卷中对应的问题是 B107。

融资成本:利用调查问卷中"融资成本对企业运营与成长的影响程度多大"的结果,没有 = 0,较小 = 1,中等 = 2,很大 = 3,非常严重 = 4。在问卷中对应的问题是 B108。

员工教育培训:利用问卷中"过去两年是否对员工进行教育培训"的结果。如果是,则是 1;反之,则是 0。在问卷中对应的问题是 E101。

电子商务:利用问卷中"通过物联网和电子邮件产生的销售比例"的结果。在问卷中对应的问题是 F6。

企业年龄:利用调查问卷中"公司成立年份"的结果,企业年龄 = 2004 - 成立年份。在问卷中对应的问题是 A1。

政企关系:利用调查问卷中"如果过去 3 年与政府有纠纷"的

结果,如果是,则是1;反之,则是0。在问卷中对应的问题是J5。

企业规模:利用调查问卷中"净固定资产",企业规模=ln(净固定资产+1)的结果。在问卷中对应的问题是AB611。

地区特征:利用调查问卷中"企业所在的城市(A01)"的结果。如果企业位于东部地区,则是1;反之,则是0。

所有制:利用调查问卷中"企业所有权是什么(A4)"的结果,国有企业=1,集体企业=2,股份制企业=3,有限责任公司=4,股权企业=5,民营企业=6,港澳台投资企业=7,外商投资企业=8,其他企业=9。

产业:利用调查问卷中"企业所属产业类型(HYDD)"的结果。按照行业划分表,从13开始,依次赋值,共计30个行业。

### 三、变量统计分析

为了对各个企业数据变量的基本情况有全面了解,对数据进行描述性统计分析,结果如表2-1所示:

表2-1 各变量描述性统计结果

| 变量＼指标 | 平均值 | 标准差 | 最小值 | 最大值 |
|---|---|---|---|---|
| 企业出口决策 | 0.4461 | 0.4971 | 0 | 1 |
| 企业出口数量 | 4.2782 | 5.3356 | 0 | 18.0670 |
| 经济政策变化 | 0.8874 | 1.0421 | 0 | 4 |
| 交互项 | 11.0059 | 13.0509 | 0 | 65.0820 |
| | 10.8558 | 12.8667 | 0 | 63.9667 |
| | 10.6668 | 12.6465 | 0 | 62.4270 |
| 2004年企业生产率 | 12.3098 | 1.2502 | 5.6690 | 21.6534 |
| 2003年企业生产率 | 12.1446 | 1.2303 | 6.8098 | 22.2129 |
| 2002年企业生产率 | 11.9248 | 1.2666 | 5.5372 | 21.8059 |

续表

| 变量 ＼ 指标 | 平均值 | 标准差 | 最小值 | 最大值 |
|---|---|---|---|---|
| 金融可得性 | 1.3294 | 1.2434 | 0 | 4 |
| 融资成本 | 1.0562 | 1.0837 | 0 | 4 |
| 员工教育培训 | 0.8703 | 0.3360 | 0 | 1 |
| 电子商务 | 1.3903 | 2.9279 | 0 | 10 |
| 企业年龄 | 12.4700 | 13.4500 | 1 | 139 |
| 政企关系 | 0.0641 | 0.2450 | 0 | 1 |
| 企业规模 | 9.4679 | 2.2951 | 0 | 18.6983 |

紧接着,本章对主要变量进行描述性统计,具体结果见表2-2。行业之间政策变化的平均值是0.8884,共有15个行业超过政策变化平均值,剩余15个行业低于政策变化平均值,其中,食品制造业的政策变化是0.5539,在所有行业中最低,烟草制造业的政策变化是1.7692,在所有行业中最高,是食品制造业的3.1941倍。各个行业的平均出口比例是0.1894,共有15个行业超过行业出口比例平均值,剩余15个行业低于行业出口比例平均值,其中,造纸和纸制品业的出口比例为0.0271,在所有行业中最低,废弃资源综合利用行业的出口比例为0.7093,在所有行业中最高,是造纸和纸制品业的26.1734倍。

表2-2　样本行业分布情况以及主要变量的行业特征

| | 行业类型 | 样本数 | 出口比例 | 政策变化 |
|---|---|---|---|---|
| 13 | 农副食品加工业 | 797 | 0.1594 | 0.7141 |
| 14 | 食品制造业 | 203 | 0.1633 | 0.5539 |
| 15 | 酒、饮料和精制茶制造业 | 122 | 0.0375 | 0.6992 |
| 16 | 烟草制品业 | 26 | 0.3583 | 1.7692 |

| | 行业类型 | 样本数 | 出口比例 | 政策变化 |
|---|---|---|---|---|
| 17 | 纺织业 | 865 | 0.3022 | 0.9054 |
| 18 | 纺织服装、鞋、帽制造业 | 205 | 0.5624 | 0.7268 |
| 19 | 皮革、毛羽及其制品和鞋业 | 133 | 0.6106 | 0.8421 |
| 20 | 木材加工和竹藤棕草制品业 | 135 | 0.2319 | 0.6741 |
| 21 | 家具制造业 | 46 | 0.3843 | 0.9783 |
| 22 | 造纸和纸制品业 | 190 | 0.0271 | 0.7105 |
| 23 | 印刷和记录媒介复制业 | 43 | 0.0421 | 1.0465 |
| 24 | 文教、工美体育和娱乐用品制造业 | 40 | 0.5945 | 0.7500 |
| 25 | 石油、煤炭及其他燃料加工业 | 154 | 0.0422 | 1.1688 |
| 26 | 化学原料和制品业 | 1124 | 0.1205 | 0.9061 |
| 27 | 医药制造业 | 275 | 0.1109 | 1.0257 |
| 28 | 化学纤维制造业 | 45 | 0.0412 | 0.6222 |
| 29 | 橡胶和塑料制品业 | 15 | 0.2035 | 1.0667 |
| 30 | 非金属矿物制品业 | 260 | 0.2472 | 0.8462 |
| 31 | 黑色金属冶炼和压延加工业 | 993 | 0.0924 | 0.7924 |
| 32 | 有色金属冶炼和压延加工业 | 385 | 0.0569 | 0.8792 |
| 33 | 金属制品业 | 265 | 0.1553 | 1.0376 |
| 34 | 通用设备制造业 | 348 | 0.2509 | 0.7322 |
| 35 | 专用设备制造业 | 924 | 0.1144 | 0.9005 |
| 36 | 汽车制造业 | 408 | 0.0771 | 1.0147 |
| 37 | 铁路、船舶航空航天和其他运输设备制造业 | 761 | 0.1015 | 1.0639 |
| 38 | 计算机、通信和其他电子设备制造业 | 719 | 0.2244 | 0.8597 |
| 39 | 仪器仪表制造业 | 533 | 0.4927 | 1.1482 |
| 40 | 其他制造业 | 53 | 0.4243 | 1.2075 |
| 41 | 废弃资源综合利用业 | 96 | 0.7093 | 0.8041 |
| 42 | 金属制品、机械和设备修理业 | 3 | 0.6533 | 1.3333 |
| | 总计 | 10166 | 0.1894 | 0.8884 |

## 第四节　经济政策变化影响制造业
## 企业出口的实证分析

### 一、基本结果与分析

表 2-3 反映经济政策变化影响出口决策的全样本回归结果。模型一是利用 Probit 模型来分析各年各个解释变量对出口决策的影响。结果显示,经济政策变化在 1% 的统计性水平上显著地负向影响出口决策。这些结果,并没有随着金融可得性、融资成本、员工教育培训、电子商务、企业年龄、城市行政级别、企业规模等控制变量的增加而发生大的变化,具有较强的稳健性。

表 2-3　出口决策回归结果(全样本)

| 变量 ＼ 模型 | (1) | (2) | (3) | (4) |
|---|---|---|---|---|
| 经济政策变化 | −1.4571 *** <br> (−15.05) | −0.7591 *** <br> (−7.21) | −0.3984 *** <br> (−3.72) | −0.2224 ** <br> (−1.96) |
| 交互项 04 | 0.1269 *** <br> (16.38) | — | — | — |
| 交互项 03 | — | 0.0689 *** <br> (8.06) | — | — |
| 交互项 02 | — | — | 0.0376 *** <br> (4.22) | 0.0271 *** <br> (2.87) |
| 2004 年企业生产率 | — | — | — | — |
| 2003 年企业生产率 | — | — | — | 0.2015 *** <br> (−7.21) |
| 金融可得性 | — | — | −0.0301 *** <br> (−2.66) | −0.0128 <br> (1.18) |

| 模型\变量 | （1） | （2） | （3） | （4） |
|---|---|---|---|---|
| 融资成本 | — | 0.0647***<br>(4.79) | — | — |
| 员工教育培训 | — | 0.5531***<br>(12.92) | 0.1945***<br>(4.41) | — |
| 电子商务 | — | — | 0.0122***<br>(2.73) | 0.0108**<br>(2.47) |
| 企业年龄 | — | 0.0144***<br>(13.385) | −0.0061<br>(−5.89) | — |
| 企业规模 | — | — | 0.2385***<br>(29.88) | 0.2271***<br>(33.03) |
| 城市行政级别 | — | 0.0967***<br>(4.99) | 0.1692***<br>(8.88) | 0.1565***<br>(8.39) |
| 地区 | No | Yes | No | No |
| 所有制 | No | Yes | No | No |
| 产业 | No | Yes | No | No |
| $R^2$ | 0.0275 | 0.1582 | 0.1440 | 0.1413 |
| N | 10166 | 10166 | 10120 | 10120 |

注：(1) ***、**、* 分别表示在1%、5%、10%的水平上显著；(2)括号内数字是T统计量。

表2-4反映出口数量与经济政策变化，交互项为2004年的经济政策变化与2004年企业生产率的乘积，控制变量为融资成本、员工教育培训、企业年龄，将三个控制变量依次加入回归模型中，得到的结果如表2-4所示。结果显示，经济政策变化在1%的统计性水平上显著负向影响出口数量，在没有控制因素的影响下，经济政策变化每增加1%，出口数量将平均降低2.27%。在依次加入融资成本、员工教育培训、企业年龄等控制变量后，经济政策变化每增加1%，出口数量将平均降低2.05%—2.35%，结果未出现较大的变化，回归结果具有较强的稳健性。

表 2-4　出口数量回归结果（全样本）

| 变量 ＼ 模型 | （1） | （2） | （3） | （4） |
|---|---|---|---|---|
| 经济政策变化 | -2.2755*** (-4.27) | -2.3580*** (-6.77) | -2.0504*** (-5.90) | -2.2730*** (-6.58) |
| 交互项04 | 0.2215*** (7.89) | 0.2220*** (7.98) | 0.1959*** (7.06) | 0.2099*** (7.61) |
| 融资成本 | — | 0.1706*** (3.52) | 0.1402*** (2.91) | 0.1155*** (2.41) |
| 员工教育培训 | — | — | 1.6031*** (11.11) | 1.5506*** (10.83) |
| 企业年龄 | — | — | — | 0.0473*** (12.32) |
| 地区 | Yes | Yes | Yes | Yes |
| 所有制 | Yes | Yes | Yes | Yes |
| 产业 | No | Yes | Yes | Yes |
| $R^2$ | 0.1629 | 0.1657 | 0.1756 | 0.1877 |
| N | 10166 | 10166 | 10166 | 10166 |

通过上述分析,我们可以得出我国的经济政策变化对企业出口产生显著的负向影响。随着经济政策变化的增加,企业作出出口决策的可能性会显著降低,企业出口的数量也会显著减少,假说1得到验证。这个结论,并没有随着融资成本、员工教育培训、企业年龄等控制变量的增加而发生大的变化,具有较强的稳健性。这一结论与国内外的研究成果基本保持一致。外部经济政策变化对出口波动产生显著的负向影响。外部政策变化较少时,中国企业出口增长。随着经济不确定增加,企业出口波动降低,企业出口减少,因此对于政策制定者来说,应该尽力营造一个较为稳定的营商环境(鲁晓东和刘京军,2017)。经济政策变化程度越低,企业越有可能开展生产经营和国际化业务,出口企业将继续增加出口

数量,未出口企业将会考虑出口,国内出口企业数量将会增加,出口贸易额将会持续增加。

## 二、稳健性分析

这一部分尝试从变量替换、考虑内生性、分样本回归三个方面开展稳健性检验。

### (一)变量替换

进行变量替换,将 2003 年与 2002 年的企业生产率、交互项与出口决策做 Probit 回归,具体结果见表 2-5。

表 2-5　替换变量回归结果

| 模型　变量 | (1) | (2) | (3) | (4) |
|---|---|---|---|---|
| 经济政策变化 | -0.7591*** (-7.21) | -0.2057* (-1.67) | — | — |
| 交互项(2003) | 0.0689*** (8.06) | — | — | — |
| 交互项(2002) | — | 0.0220** (2.14) | — | — |
| 2003 年企业生产率 | — | — | 0.0336*** (2.79) | — |
| 2002 年企业生产率 | — | 0.0605*** (4.11) | — | 0.0621*** (4.93) |
| 金融可得性 | — | -0.0324*** (-2.85) | -0.0117 (0.81) | -0.0331** (-1.89) |
| 融资成本 | 0.0647*** (4.79) | — | 0.0376** (2.27) | -0.0333** (2.03) |
| 员工教育培训 | 0.5531*** (12.92) | 0.1991*** (4.66) | — | 0.1951*** (4.57) |
| 电子商务 | — | — | — | 0.0122*** (2.69) |

续表

| 变量 \ 模型 | （1） | （2） | （3） | （4） |
|---|---|---|---|---|
| 企业年龄 | 0.0144*** (13.385) | — | — | -0.0057*** (-5,49) |
| 政企关系 | — | -0.0280 (-0.52) | 0.0839 (1.52) | — |
| 企业规模 | — | 0.2355*** (32.77) | 0.2417*** (33.51) | 0.2344*** (28.47) |
| 城市行政级别 | 0.0967*** (4.99) | — | 0.0905*** (4.75) | 0.1673*** (8.76) |
| 地区 | Yes | No | Yes | No |
| 所有制 | Yes | No | No | No |
| 产业 | Yes | No | No | No |
| $R^2$ | 0.1582 | 0.1401 | 0.1763 | 0.1438 |
| N | 10166 | 10163 | 10163 | 10120 |

正如表 2-5 所示，经济政策变化在 10% 的统计性水平上对企业出口决策产生显著的负向效应；2003 年交互项、2002 年交互项在 5% 的统计性水平上对企业出口决策产生显著的正向效应；2003年企业生产率、2002 年企业生产率在 1% 的统计性水平上对企业出口决策产生显著的正向效应。这与基准回归保持一致，说明回归结果具有较强的稳健性。

## （二）考虑内生性与模型设定

考虑到在上述回归过程中可能存在内生性问题，本章利用行业整体的经济政策变化平均值代替各企业的经济政策变化，控制地区效应、所有制效应、行业效应，依次将 2004 年交互项、2003 年交互项、2002 年交互项与企业出口决策进行回归，回归结果见表 2-6。

表 2-6  考虑内生性的回归结果

| 变量＼模型 | （1） | （2） | （3） | （4） |
|---|---|---|---|---|
| 经济政策变化 | −0.7922*** (−3.93) | −0.4494** (−2.17) | −0.3650* (−1.86) | −2.8044*** (−2.8044) |
| 交互项（2004） | 0.0590*** (4.39) | — | — | — |
| 交互项（2003） | — | 0.0384*** (2.75) | — | 0.5153*** (11.32) |
| 交互项（2002） | — | — | 0.0327*** (2.64) | — |
| 地区 | No | Yes | Yes | Yes |
| 所有制 | No | No | No | Yes |
| 产业 | No | No | No | No |
| $R^2$ | 0.1439 | 0.1777 | 0.1778 | |
| $A-R^2$ | | | | 0.1707 |
| N | 10166 | 10166 | 10163 | 10166 |

　　表 2-6 反映了考虑内生性的回归结果。从表 2-6 可以看出，经济政策变化对企业出口决策、企业出口数量产生显著的负向影响。此结论与前文所做的基准回归结果保持一致。不同年份交互项均对企业出口决策、出口数量产生较强的正向影响，并且均在 1% 的统计性水平上显著。由此可见，经济政策变化对出口决策的回归系数变大，经济政策变化对出口数量的回归系数变大。我们认为，产生这种变化的可能性解释是，利用行业整体的经济政策变化平均值来代替各企业的经济政策变化，可以去除掉不同企业对经济政策变化的承受能力和应对措施异质性，从而使回归模型的拟合优度变得更好，回归系数相应变大。

### （三）分样本的扩展性分析

为了进一步考察经济政策变化影响企业出口数量的异质性，按照区域、所有制、员工教育培训、城市行政级别、行业五个层面对总样本分别进行回归分析，回归结果分别见表2-7、表2-8、表2-9和表2-10。

表2-7　回归结果（区域和所有制分样本）

| 变量 ＼ 类型 | 东部 | 中西部 | 国有 | 非国有 |
|---|---|---|---|---|
| 经济政策变化 | 0.6123<br>(0.8894) | −0.9518**<br>(−1.6358) | −0.3024<br>(−0.2294) | −0.7340*<br>(−1.4431) |
| 交互项04 | −0.0108<br>(−0.1985) | 0.1067**<br>(2.2078) | 0.0496<br>(0.4465) | 0.0907**<br>(2.2230) |
| 地区 | No | No | Yes | Yes |
| 所有制 | Yes | Yes | No | No |
| 产业 | Yes | Yes | Yes | Yes |
| A-R$^2$ | 0.1326 | 0.0529 | 0.0665 | 0.0579 |
| N | 5477 | 4677 | 857 | 9297 |

表2-7第二、三列反映了东部地区企业和中西部地区企业样本的回归结果。东部地区的经济政策变化对企业出口数量产生较高的正向效应（0.6123），这与所有地区全样本回归结果不一致。中西部的经济政策变化对企业出口数量产生较高的负向影响（−0.9518），并且回归结果比东部地区企业显著性水平更高。东部地区企业的2004年交互项对企业出口数量的影响效应（−0.0108）低于中西部地区企业的正向效应（0.1067），回归结果也没有中西部地区企业显著。产生这种结果的可能性解释是，相对于中西部

地区来说,东部地区市场化程度更高、经济更为发达、对外交流方便、高新技术企业较多、人才较多,在经济政策变化增加时,东部地区企业能更快地感知到市场的变化,更加快速地实施政策,通过加快出口速度和数量,来缓解企业在国内市场的销售压力。表 2-7 第四、五列反映国有和非国有企业样本的回归结果。国有企业的经济政策变化对企业出口数量的负向效应(-0.3024)低于非国有企业的负向效应(-0.7340),而且回归结果也没有非国有企业显著。国有企业的 2004 年交互项对企业出口数量的正向效应(0.0496)低于非国有企业的正向效应(0.0907),回归结果也没有非国有企业显著。产生这种结果的可能性解释是,国有企业具有一定的行政级别和较强的应对经济政策变化的调节能力,在经济政策变化增加后,国有企业的企业出口数量将降低,但是不会发生大幅度变化。但是无论是按区域划分还是所有制划分,均不能说是在 1% 的统计水平上显著,甚至于 10% 的统计性水平上仍不显著,所以,模型稳定性较弱。

表 2-8 回归结果(教育培训、城市行政级别分样本)

| 类型<br>变量 | 员工教育培训 | 员工未教育培训 | 正厅级城市 | 副省级城市 | 直辖市 |
|---|---|---|---|---|---|
| 经济政策变化 | -1.3029<br>(-0.6091) | 0.6896<br>(0.7229) | -0.8214*<br>(-1.6198) | 1.7141*<br>(1.4202) | 1.3965<br>(0.6136) |
| 交互项 04 | 0.0583*<br>(1.4653) | -0.0382<br>(-0.4689) | 0.1048***<br>(2.5291) | -0.1058<br>(-1.1368) | -0.0805<br>(0.1280) |
| 地区 | Yes | Yes | Yes | Yes | Yes |
| 所有制 | Yes | Yes | Yes | Yes | Yes |
| 产业 | Yes | Yes | Yes | Yes | Yes |
| A-$R^2$ | 0.1681 | 0.1478 | 0.1500 | 0.2068 | 0.1491 |
| N | 8839 | 1311 | 8263 | 1288 | 594 |

表2-8第二、三列反映对员工进行教育培训的企业和对员工未进行教育培训的企业样本的回归结果。对员工进行教育培训的企业的经济政策变化对企业出口数量产生较高的负向效应（-1.3029），对员工未进行教育培训的企业的经济政策变化对企业出口数量产生较高的正向效应（0.6896）。然而对员工进行教育培训的企业的交互项对企业出口数量产生较高的正向效应（0.0583），对员工未进行教育培训的企业的交互项对企业出口数量产生较高的负向效应（-0.0382）。产生这种结果的解释是，相对于员工未进行教育培训的企业来说，进行员工教育培训的企业的员工工作能力更强，高素质人才更多，企业内部更为团结，企业研发创新能力强，企业的竞争力更强。这些进行员工教育培训的企业在面对经济政策变化时，因为具有竞争优势、自主研发能力，更能非常好地应对经济政策变化，在整个经济市场动荡中，通过增加出口，来获取更多额外收益。

表2-8第四、五、六列反映所在城市为正厅级城市企业、副省级城市企业和直辖市企业样本的回归结果。正厅级城市企业的经济政策变化对企业出口数量产生较高的负向效应（-0.8214），副省级城市企业的经济政策变化对企业出口数量产生较高的正向效应（1.7141），直辖市企业的经济政策变化对企业出口数量产生较高的正向效应（1.3965）。然而正厅级城市企业的交互项对企业出口数量产生较高的正向效应（0.1048），副省级城市企业的交互项对企业出口数量产生较高的负向效应（-0.1058），直辖市企业的交互项对企业出口数量产生较高的负向效应（-0.0805）。

表 2-9　回归结果(行业分样本)

| 变量＼类型 | 纺织业 | 造纸和纸制品业 | 文教、工美体育和娱乐用品制造业 | 石油、煤炭及其他燃料加工业 | 化学原料和制品业 |
|---|---|---|---|---|---|
| 经济政策变化 | -4.6683***<br>(-2.83) | -6.5045***<br>(-2.70) | -22.9931***<br>(2.40) | -5.1326***<br>(-2.17) | -4.0388***<br>(-3.86) |
| 交互项 | 0.4528***<br>(3.27) | 0.5614***<br>(2.80) | 2.0033***<br>(2.36) | 0.3919***<br>(2.33) | 0.3440***<br>(4.14) |
| 地区 | Yes | Yes | Yes | Yes | Yes |
| 所有制 | Yes | Yes | Yes | Yes | Yes |
| 产业 | Yes | Yes | Yes | Yes | Yes |
| A-R$^2$ | 0.1249 | 0.0996 | 0.2176 | 0.0894 | 0.1198 |
| N | 859 | 184 | 34 | 148 | 1118 |

表 2-10　回归结果(行业分样本)

| 变量＼类型 | 医药制造业 | 有色金属冶炼和压延加工业 | 专用设备制造业 | 汽车制造业 | 铁路、船舶航空航天和其他运输设备制造业 | 仪器仪表制造业 |
|---|---|---|---|---|---|---|
| 经济政策变化 | -8.5118***<br>(-3.21) | -5.6806***<br>(-2.97) | -5.4685***<br>(-4.81) | -5.7902***<br>(-3.17) | -3.9915***<br>(-2.86) | -3.6171***<br>(-2.64) |
| 交互项 04 | 0.7461***<br>(3.50) | 0.4973***<br>(3.54) | 0.5229***<br>(5.61) | 0.5061***<br>(3.41) | 0.3452***<br>(3.10) | 0.2856***<br>(2.85) |
| 地区 | Yes | Yes | Yes | Yes | Yes | Yes |
| 所有制 | Yes | Yes | Yes | Yes | Yes | Yes |
| 产业 | Yes | Yes | Yes | Yes | Yes | Yes |
| A-R$^2$ | 0.1381 | 0.0783 | 0.1663 | 0.0831 | 0.1091 | 0.2993 |
| N | 266 | 380 | 918 | 403 | 755 | 527 |

　　表 2-9 反映了纺织业,造纸和纸制品业,文教、工美体育和娱乐用品制造业,石油、煤炭及其他燃料加工业以及化学原料和制品

业等回归结果。表2-10反映了医药制造业,有色金属冶炼和压延加工业,专用设备制造业,汽车制造业,铁路、船舶航空航天和其他运输设备制造业,以及仪器仪表制造业企业样本的回归结果。纺织业企业的经济政策变化对企业出口数量产生显著的负向效应(-4.6683);造纸和纸制品业企业的经济政策变化对企业出口数量产生显著的负向效应(-6.5045);文教、工美体育和娱乐用品制造业企业的经济政策变化对企业出口数量产生显著的负向效应(-22.9931);石油、煤炭及其他燃料加工业企业的经济政策变化对企业出口数量产生显著的负向效应(-5.1326);化学原料和制品业企业的经济政策变化对企业出口数量产生显著的负向效应(-4.0388);医学制造业企业的经济政策变化对企业出口数量产生显著的负向效应(-8.5118);有色金属冶炼和压延加工业企业的经济政策变化对企业出口数量产生显著的负向效应(-5.6806);专用设备制造业企业的经济政策变化对企业出口数量产生显著的负向效应(-5.4685);汽车制造业企业的经济政策变化对企业出口数量产生显著的负向效应(-5.7902);铁路、船舶航空航天和其他运输设备制造业企业的经济政策变化对企业出口数量产生显著的负向效应(-3.9915);仪器仪表制造业企业的经济政策变化对企业出口数量产生显著的负向效应(-3.6171)。而且,按照行业划分样本的回归结果均在1%的统计性水平上显著,并且显著地高于全样本的回归系数,尤其是文教、工美体育和娱乐用品制造业企业。因此可以得出这样一个结论:处于第二产业企业的经济政策变化对企业出口数量产生的负向效应,相对于其他产业企业来说更大,超过全行业的平均水平。文教、工美体育和娱乐用品制造业企业受经济政策变化影响最大,其余制造业企业均超过全行业的平均水平。

## 第五节　经济政策变化影响制造业
## 企业出口的内在机制

上文结论充分说明经济政策变化显著负向影响中国企业出口，并且得到国内外已有研究支持。但是，目前国内外研究经济政策变化影响企业出口的内在机制较为稀少。本章认为，经济政策变化通过企业融资成本影响企业出口，其内在机理见假说提出部分。

表 2-11　经济政策变化影响企业融资成本的回归结果

| 模型　　变量 | (1) | (2) | (3) | (4) | (5) | (6) |
|---|---|---|---|---|---|---|
| 经济政策变化 | 0.3984*** (41.76) | 0.3965*** (41.52) | 0.2067*** (25.80) | 0.2058*** (25.70) | 0.1953*** (24.30) | 0.1951*** (24.24) |
| 企业生产率 | — | 0.0099 (1.20) | 0.0335*** (5.06) | 0.0293*** (4.37) | 0.0036 (0.51) | 0.0032 (0.44) |
| 金融可得性 | — | — | 0.5162*** (76.30) | 0.5150*** (76.11) | 0.5131*** (76.17) | 0.5132*** (76.16) |
| 企业年龄 | — | — | — | 0.0928*** (3.88) | 0.0408* (1.68) | 0.0406* (1.67) |
| 企业规模 | — | — | — | — | 0.0395*** (10.15) | 0.0394*** (10.11) |
| 城市行政级别 | — | — | — | — | — | 0.0061 (0.55) |
| 地区特征 | Yes | Yes | Yes | Yes | Yes | Yes |
| 所有制 | No | Yes | Yes | Yes | Yes | Yes |
| 产业 | Yes | Yes | Yes | Yes | Yes | Yes |
| A-R$^2$ | 0.1489 | 0.1510 | 0.4602 | 0.4610 | 0.4664 | 0.4663 |
| N | 10166 | 10166 | 10166 | 10166 | 10166 | 10166 |

注：(1)***、**、*分别表示在1%、5%、10%的水平上显著；(2)括号内数字是T统计量。

  表 2-11 反映了经济政策变化影响企业融资成本的回归结果。从表 2-11 可知,在未加入其他影响因素前,经济政策变化在 1% 的统计性水平上显著正向促进企业融资成本。具体来说,经济政策变化每提高 1%,企业融资成本平均提高 39.84%,假说 2 得到验证。随着加入企业生产率和金融可得性这两个因素,经济政策变化每提高 1%,企业融资成本平均提高 20.67%。这一结论并没有随着企业年龄、企业规模、城市行政级别等因素的逐步加入有所改变,说明回归结果具有非常强的稳健性。

# 第三章　政策变化对服务业企业出口质量的影响

在国际国内市场不确定性不断加大的背景下,本书利用世界银行中国企业微观数据库,在异质性假设下,研究政策变化对服务业企业出口质量的影响,重点探讨政策变化是否显著影响服务业企业出口扩展边际或出口集约边际,其深层次的理论机理是什么?探究这些问题,有利于加深对我国服务业企业出口增长方式和动态竞争能力的理解。

## 第一节　全球视野下的政策变化测度与走势

政策变化是指市场主体难以预料或感知政策制定者在未来是否、何时以及如何调整或改变现行政策(Gulen 和 Ion,2016)。利用经济政策不确定性网站计算方法和专业网站①提供的主要国家月度经济政策变化指数,本书绘制了全球及中国不同年份的经济

---

① 计算方法和具体信息参见 http://www.policyuncertainty.com/index.html,访问时间是2020 年 6 月 30 日。

政策变化指数的走势。

### 一、全球政策变化描述与走势

从全球来说,1997年1月至2020年6月,全球经济政策变化指数一直维持在较高水平上:(1)1997年10月至1994年4月,全球经济政策变化指数从低谷(1997年10月是81.07)迅速拉高到峰值(1998年9月是146.10),波动幅度为80.21%。(2)2001年6月至2003年12月,全球经济政策变化指数经历"双驼峰",最高值出现在2001年9月(182.28)。(3)2008年4月至2009年10月,全球经济政策变化指数又经历迅速拉升至201.30(2008年10月),超过前期高点172.07(2003年3月),随后又回落。(4)2011年2月至2014年2月,全球经济政策变化指数持续在高位不断攀升,显示这段时期全球经济政策变化加大,企业国际化经营风险增加。具体来说,这段时期有17个月的全球经济政策变化指数在150以上,有33个月的全球经济政策变化指数在100以上。(5)2015年3月至今,全球经济政策变化指数继续不断在高位攀升。2015年9月指标达到170.02,2016年6月指标达到236.48,2016年11月指标达到244.25,2018年12月指标达到259.89,2019年8月指标达到306.82,2020年3月、4月和5月指标分别达到348.55、351.71、419.46,充分显示出全球经济政策变化不断加剧,未来走势尚不明朗。

### 二、我国政策变化描述与走势

从我国来看,1995年1月至今,我国经济政策变化指标先后经历四次峰值,分别是2001年10月(297.24)、2008年12月

(232.77)、2011 年 11 月(363.52)和 2017 年 1 月(694.85)。第一阶段,出现第一次峰值的 2000—2002 年,我国加入世界贸易组织,对原有经济政策进行较大幅度的修订;同时,2001 年爆发"9·11"事件,我国政府相继出台扩张性财政货币政策,国际国内综合因素共同导致这段时期我国经济政策变化指标大幅增加。第二阶段,随着 2008 年国际金融危机爆发,全球经济陷入衰退深渊,我国经济难以独善其身,2008 年第四季度的经济增速(6.8%)和 2008 年全年 GDP 增速大幅下滑,显示我国经济告别长达近三十年高增长阶段。为了应对经济下行压力,我国政府出台四万亿的经济刺激计划,制定宽松的财政政策和货币政策,调整《劳动法》,加强公共财政的社会保障、医疗等方面的支出政策等,我国经济政策不断调整,不断加大经济政策调整。第三阶段,2011—2012 年,随着"欧债危机"蔓延,全球经济复苏难度不断加大,我国不可避免地遭受全球经济增长乏力和主权债务危机的巨大冲击;同时,国内出口下降、失业率增加、通货膨胀上升,我国经济增速换挡期、结构调整阵痛期、前期刺激政策消化期三期相互叠加,这在很大程度上加剧了我国经济政策变化。第四阶段,目前世界经济增长低迷态势仍在延续,"逆全球化"思潮和保护主义倾向抬头,主要经济体政策走向及外溢效应变数较大,不确定因素明显增加等问题不断加剧中国经济政策调整。

近年来,讨论中国经济政策变化的研究不断涌现,部分学者研究经济政策变化对宏观经济、投资决策、资源配置、产品创新等影响,还有部分学者探讨中国经济政策变化的贸易效应,如二元边际、加成率、生产率、出口动态、出口产品等,为本书的研究提供重要的启示。不过,笔者发现,已有文献忽略政策变化的内涵界定及其对服务业企业国际化影响的探讨。我们认为,相对于已有众多测算一个国家或地区经济政策变化指标的方法来说,学界应该从企业异质性视角,利用企业感知政策变化测算政策变化指标更科学、更合理。另外,我们还发现,已有研究大多选择制造业企业为样本研究政策变化的贸易效应,对服务业企业关注不够。本章利用世界银行中国企业微观数据库,深入探究政策变化对服务业企业国际化的影响,具有一定的创新性。

## 第二节 异质性视角下政策变化与服务业企业出口

### 一、提出问题

国内外关于各种类型政策变化对经济发展影响的研究成果已有一定的积累。从实证研究来看,既有文献采用不同方法和指标测算某种类型政策变化。本书认为,相对于已有研究测算一个国家或地区政策变化指标的方法来说,学界更应该从企业异质性视角,利用企业感知政策变化测算政策变化指标更科学、更合理,因为政策变化给一个国家或地区内的企业带来的影响与企业规模、市场竞争力、产品质量、政商关系等有紧密关系,需要企业自身逐步感知。同时,已有文献大多选择制造业企业为例进行实证研究,很少以服务业企业为例,由此形成的结论和制定的政策有可能存在偏误。另外,学界鲜有文献综合考察政策变化对服务业企业出口质量的影响效应以及作用机制。

## 二、可能的创新之处

与以往研究相比,本章的边际贡献主要体现在以下三个方面:

(1)针对鲜有文献考虑到政策变化,本章在企业异质性假设下,从微观层面探究政策变化对服务业企业国际化的影响,本章基于世界银行 2013 年公布的中国服务业企业调查数据,从微观层面探讨中国独特的制度转型环境对服务业企业出口质量的影响机理。

(2)现有国内外研究成果大多在宏观层面测算贸易政策变化(Handley 和 Limão,2017)。本章认为,这些研究至少存在两方面的不足之处。一方面,仅仅简单地用贸易政策变化指标代替所有政策变化,忽略政策变化存在的多样性。另一方面,仅仅从客观方面对政策变化指标测算,认为一个国家或地区内所有企业所面临的政策变化具有同质性,忽视一个国家或地区内企业个体对制度环境变化认知和对政策变化承受力等方面存在的差异。本章充分考虑服务业企业个体感知政策变化的差异,选择指标和方法进行测算,另外,选择客观的政策变化指标进行稳健性检验。

(3)现有研究成果大多从某一个视角探讨政策变化的贸易效应,例如经济政策变化、贸易政策变化、宏观经济政策变化、货币政策变化、汇率政策变化等,忽视了政策变化的多样性、复杂性和系统性。另外,国内外涉及政策变化的贸易效应,大多以制造业企业为例进行实证研究,对服务业企业的研究较少。服务业企业具有典型的制度密度性和制度依赖性,政策变化不仅影响服务业企业生产率和服务业增加值,而且影响制造业投入产出效率,对于一国经济发展的重要意义不言而喻。

## 第三节　政策变化影响服务业企业出口质量设计

### 一、模型设定

#### （一）政策变化影响服务业企业国际化的计量模型

在企业异质性假设下，为了考察政策变化对服务业企业出口质量的影响，本书设定如下计量模型：

$$\ln INTER_{it} = \alpha_0 + \alpha_1 \ln PPU_{i,t-1} + \alpha_2 TFP_{i,t} + \alpha_3 \ln PPU_{i,t-1} \cdot$$
$$TFP_{i,t} + \alpha_4 \vec{X}_{i,t} + \delta_i + \xi_d + \varepsilon_{it} \qquad (3-1)$$

在式（3-1）中，$i$ 表示企业，$t$ 表示年份，$d$ 表示区域。INTER 表示服务业企业出口，本章基于企业特征、出口状况和产品类型三个层面，结合服务业企业出口二元边际（出口决策和出口强度）两个维度对其进行刻画。PPU 为本章的核心变量，表明企业感知政策变化对企业正常运行的制约程度。$TFP$ 为服务业企业全要素生产率。$\vec{X}$ 代表一组计量模型常用的控制变量：企业年龄 $AGE$；政商关系 $GF$；产品质量 $PQ$；融资约束 $FC$；产品创新 $PI$；企业规模 $ES$；高管工作经验 $EE$；区位变量 $LV$。$\delta$、$\xi$ 分别表示固定效应和地域效应，用来控制服务业企业自身特征的异质性及其他不可观察的影响因素，以降低遗漏变量等问题的影响，$\varepsilon$ 表示未被观测的随机误差项。

#### （二）变量构造与测算

服务业企业国际化：服务业企业国际化有很多衡量指标，考虑到数据的可得性和研究的针对性,本章选择服务业企业出口指标。梅利兹(2003)对异质性企业贸易理论的开创性研究成果为深入探讨企业出口增长的二元边际问题提供理论支撑。近些年,国内外不少学者沿着梅利兹(2003)的思路,逐步尝试测算出口增长的扩展边际和集约边际以及分析二元边际的内在决定机制,进一步探究贸易二元边际对企业国际化绩效、宏观经济增长方式、社会福利等影响(Melitz 和 Trefler,2012;Melitz 和 Redding,2015;Bernard 等,2016)。

二元边际反映一个国家对外贸易发展方式和增长前景,成为当前国际贸易领域最受关注的热点问题。本章借鉴这种思路,将服务业企业出口增长分解为出口扩展边际(Extensive Margin)和出口集约边际(Intensive Margin)。出口扩展边际用服务业企业出口决策来测算,被解释变量服务业企业出口决策为企业出口与否的虚拟变量,如果服务业企业选择出口则数值标记为 1,否则为 0。

在企业异质性假设下,政策变化影响服务业企业出口扩展边际的计量模型设定为:

$$P(EX_{it} > 0) = \begin{cases} \alpha_0 + \alpha_1 \ln PPU_{i,t-1} + \alpha_2 TFP_{i,t} + \alpha_3 \ln PPU_{i,t-1} \cdot TFP_{i,t} + \alpha_4 \overrightarrow{X_{i,t}} + \delta_i + \xi_d + \varepsilon_{it} \\ 0 \qquad otherwise \end{cases}$$

$$(3-2)$$

同样,出口集约边际用服务业企业出口强度来测算,被解释变量服务业企业出口强度为企业出口比例。那么,在企业异质性假设下,政策变化影响服务业企业出口集约边际的计量模型设定为:

$$EX_{it} = \alpha_0 + \alpha_1 \ln PPU_{i,t-1} + \alpha_2 TFP_{i,t} + \alpha_3 \ln PPU_{i,t-1} \cdot TFP_{i,t} + \alpha_4 \overrightarrow{X_{i,t}} + \delta_i + \xi_d + \varepsilon_{it}$$

$$(3-3)$$

另外,为了检验结果的稳健性,本章选择不同来源地服务业企业样本检验政策变化对服务业企业国际化的影响,我们将在下一节做详细分析。

政策变化:目前,国内外研究测算政策变化主要有三种方法。一是借鉴已有方法来测算贸易政策变化(Handley 和 Limão,2017)。具体计算公式如下:$Pretptu = 1 - \left(\dfrac{\tau_b}{\tau_m}\right)^{-\sigma}$,其中,$\tau_b$ 表示限制性关税(BND),$\tau_m$ 表示最惠国关税(MFN),而根据已有方法,$\sigma$ 的大小一般取 2、3、4,研究异质性企业方面 $\sigma$ 的大小一律取 2。企业出口的产品按照出口额加权均值最终获得企业层面的数据。二是对经济政策变化指标的度量借鉴一些学者编制的 BBD 月度指数的计算方法,利用简单的算术平均法和加权平均法将其 BBD 月度指数转化为年度指数(Baker 等,2016)。三是采用指标计算转化或变通的方法,要么采用产成品的进口关税来测算政策变化或者波动性(周申和杨传伟,2006),要么采用可反映政府介入程度的有效保护率及可体现关税与非关税壁垒综合限制程度的进口渗透率来测算经济政策的变化(程惠芳和梁越,2014)。

我们认为,已有测算政策变化的方法一定程度上忽略微观主体对政策变化的感知。由于企业自身知识水平、决策范围和能力、不确定感知程度等方面存在显著的异质性,因此,政策变化对不同企业正常运行和国际化运营的影响也是不同的。所以,测算政策变化变得更加复杂和不可预测,成为影响服务业企业国际化决策的主要障碍和约束条件,感知不确定性问题已经引起国内学者们的重视。有学者建议,应该用企业感知不确定性来表述企业对未来事件发生的概率以及可能产生的结果均是未知的现象(Becker 和 Knudsen,2005)。部分学者相继提出感知政策变化的不同测算方法（Wiel，2008；Giavazzi 和 Mahon，2012；Guiso 等，2013），为本章测算政策变化提供了全新的思路和方法。为了检验结果的稳健性，本章还选择"法律制度对企业生产的不确定性影响程度（h30）"衡量政策变化。

企业生产率：企业生产率是新新贸易理论的重要概念。企业生产率不同，同一产业内企业就会选择不同的出口行为。宏观加总数据可能存在测量偏差和变量遗漏，容易产生内生性，实证检验结果往往是有偏的，本章按照王智新（2020）的做法，将核心收入和其他收入之和作为企业当年产值，同时结合劳动就业、净固定资产和固定资产投资，利用固定效应模型估计企业当年的全要素生产率，尽量避免劳动生产率估计带来的内生性问题。其中，本章产出变量用工业增加值表示，并使用工业品出厂价格指数（2000 年为基准）调整为实际值，固定资产以 2000 年为基准（ = 100）进行平减，具体价格指数来源于国家统计数据库。

企业年龄：测算方法是 $age = 2012 -$ 成立年份，其中成立年份是"这家公司哪一年开始运营（b5）"。

政商关系：本章利用"您的公司是否安排专员来处理公司与政府之间的关系（j6a）"来衡量企业与政府之间的关系。

产品质量：公司是否有国际质量管理体系认证（b8），比如 ISO9000、ISO9002、ISO14000 或者 HACCP 认证？如果有，则是 1；如果没有，则是 0。

融资约束：融资成本是指企业融资所需要支付的成本，例如利息。世界银行中国企业微观数据库提供不同区域、产业、所有权等类型企业的融资成本，代表融资成本对企业正常运行和持续发展的影响程度（K30），并进行 0—4 赋值。

产品创新:本章利用"过去三年,企业是否有产品创新"衡量企业产品创新指标。

企业规模:考虑到企业规模对企业国际化的滞后影响,本章用"2009年公司销售收入(n3)"的对数来表示企业规模。

高管工作经验:本章用"公司高级管理人员有多少年的工作经验(b7)"衡量高管经验指标。

区位变量:区位变量是哑变量,如果公司位于东部,则为1;反之,则为0。

## 第四节 政策变化影响服务业企业出口质量实证分析

本章首先引入政策变化变量,考察政策变化对服务业企业出口二元边际的影响;紧接着,相继引入企业生产率、政商关系、产品质量、融资约束、产品创新、企业规模、高管工作经验、区位哑变量等变量,在考察这些变量对服务业企业出口二元边际影响的同时,检验政策变化影响服务业企业出口二元边际的稳健性,回归结果见表3-1。

表3-1 政策变化与服务业企业扩展边际的计量回归结果

| 模型<br>变量 | (1) | (2) | (3) | (4) | (5) | (6) |
|---|---|---|---|---|---|---|
| PPU | -0.1530***<br>(0.0000) | -0.1644***<br>(0.0014) | -0.1319**<br>(0.0116) | 0.1410<br>(0.1112) | -0.1849**<br>(0.0208) | -0.1027**<br>(0.0504) |
| TFP | — | 0.1093***<br>(0.0000) | 0.1806***<br>(0.0000) | — | 0.1091***<br>(0.0000) | 0.1011***<br>(0.0001) |

| 模型<br>变量 | （1） | （2） | （3） | （4） | （5） | （6） |
|---|---|---|---|---|---|---|
| AGE | — | 0.0012**<br>（0.0369） | — | — | — | — |
| GF | — | — | 0.0412**<br>（0.0247） | — | — | — |
| PQ | — | — | — | 0.3334*<br>（0.0822） | — | — |
| FC | — | — | 0.0744**<br>（0.0481） | — | — | — |
| PI | — | — | — | 5.7755**<br>（0.0302） | — | — |
| ES | — | — | — | — | −0.0227*<br>（0.0916） | −0.0163**<br>（0.0417） |
| EE | — | — | — | — | — | 0.0098<br>（0.1146） |
| LV | 无 | 无 | 有 | 有 | 无 | 有 |
| C | −0.1923<br>（0.0001） | −1.5970<br>（0.0000） | −1.7907<br>（0.0000） | −1.8897<br>（0.0000） | −1.2125<br>（0.0216） | −1.6198<br>（0.0030） |
| $R^2$ | 0.4501 | 0.4300 | 0.4520 | 0.2953 | 0.4510 | 0.4370 |

注：***、**、* 分别表示在1%、5%、10%的水平上显著，括号内为相对应的 p 统计量。

如表 3-1 所示，随着其他控制变量的不断加入，政策变化与服务业企业出口扩展边际呈显著负相关系，政策变化降低幅度越大，服务业企业出口扩展边际越大。这与已有成果保持一致（Handley 和 Limão，2015；Crowley 等，2018），同时也对刘洪铎和陈和（2016）的成果进行适当补充。有学者发现，中国加入 WTO 以后，美国发动贸易战的威胁减小，这可以解释在 2000—2005 年间中国对美国出口贸易量增加了 1/3（Handley 和 Limão，2015）。也有学者构造反事实，估算 2001—2009 年由于政策变化的增加所导致消失的贸易量和中国加入 WTO 所带来的贸易政策变化降低给中国带来的进入新市场的机会（Crowley 等，2018）。刘洪铎和陈和

（2016）研究发现，目的国经济政策变化每上升 1 个百分点，将导致出口者的平均出口额下降 0.061—0.103 个百分点。不过，他们并没有考虑政策变化与服务业企业出口边际之间的关系。本书则较好地解决了这个问题。

我们认为，一方面，政策变化降低，服务业企业面临的政策环境不断改善，生产成本不断降低，产生未来获益的良好预期，刺激更多的服务业企业加大技术创新、提高产品质量、提高服务加成率。这些结论与已有研究的结论基本一致（Crowley 等，2018），也对部分已有研究成果进行了补充（Feng 等，2017）。有研究认为，政策变化使得美国的消费者购买商品的价格下降并且增加美国消费者的实际收入，这种影响相当于关税永久性下降 13 个百分点（Handley 和 Limão，2015）。也有学者发现，如果没有关税不确定性的影响，中国进入新市场的比例将会提高 2%（Crowley 等，2018）。还有学者发现，葡萄牙加入欧共体消除了未来欧洲共同市场贸易政策变化，同时这种不确定性机制可以在很大程度上解释可能产生的经济增长（Handley 和 Limão，2015）。有学者还认为，出口目的国（美国和欧盟）的贸易政策变化降低的同时促进中国企业进入和退出国际化市场。另一方面，政策变化降低，服务业企业在国际市场选择上具有更多的稳健性。当政策变化降低时，服务业企业降低了进入或退出国际市场的频率，通过筛选效应再配置效应和筛选效应影响服务业企业出口决策（Feng 等，2017）。有学者研究政策变化（未来关税税率的不确定性）对中国企业进入或退出国外市场的影响，结果发现，当中国出口产品面临更大的政策变化时，更容易从已经建立贸易关系的国外市场退出，而不易进入新的国际市场（Crowley 等，2018）。有学者进一步指出，美国关税不确定性的降低通过显著的再配置效应和筛选效应影响中国企业出口决策,具体来说,筛选能够提供优质低价产品或服务的中国企业进入美国市场,而不能够提供优质低价产品或服务的中国企业将被拒绝进入美国市场(Feng 等,2017)。

## 第五节　稳健性检验

为了检验上述结果的稳健性,本节选择"法律制度对企业生产的不确定性影响程度(h30)"衡量政策变化,用以测算政策变化对服务业企业国际化的影响,回归结果见表3-2。

表3-2　政策变化与服务业企业扩展边际的计量回归结果

| 变量　　　模型 | (1) | (2) | (3) | (4) | (5) | (6) |
|---|---|---|---|---|---|---|
| PPU | −0.1078***<br>(0.0003) | −0.1260**<br>(0.0202) | −0.1495**<br>(0.0101)) | −0.1602**<br>(0.0301) | −0.1691*<br>(0.0601) | −0.1280***<br>(0.0000) |
| PRO | | 0.11111***<br>(0.0000) | 0.1054***<br>(0.0001) | 0.1784***<br>(0.0001) | 0.1736***<br>(0.0001) | 0.1428***<br>(0.0003) |
| AGE | | | 0.0024<br>(0.0952) | 0.0037***<br>(0.0051) | | |
| GF | | | | 0.0855*<br>(0.0512) | | |
| PQ | | | | | | 0.3510**<br>(0.0417) |
| FC | | | | | 0.1276**<br>(0.0233) | |
| PI | | | | | | 4.8035**<br>(0.0200) |
| ES | | | | | −0.0315*<br>(0.0742) | |

续表

| 模型<br>变量 | （1） | （2） | （3） | （4） | （5） | （6） |
|---|---|---|---|---|---|---|
| EE | | | | | | 0.0072<br>（0.1401） |
| LV | 无 | 无 | 有 | 有 | 有 | 有 |
| C | −0.2176<br>（0.0000） | −1.6297<br>（0.0000） | −1.8599<br>（0.0000） | −3.1162<br>（0.0000） | −3.0910<br>（0.0000） | −2.2569<br>（0.0000） |
| $R^2$ | 0.4305 | 0.4723 | 0.4501 | 0.2953 | 0.4420 | 0.4302 |

与表 3-1 一样,表 3-2 首先引入政策变化变量,考察政策变化对服务业企业出口二元边际的影响;紧接着,相继引入企业生产率、政商关系、产品质量、融资约束、产品创新、企业规模、高管经验、区位哑变量等变量,在考察这些变量对服务业企业出口二元边际影响的同时,检验政策变化影响服务业企业出口二元边际的稳健性。随着其他控制变量的不断加入,政策变化与服务业企业出口扩展边际的负相关关系保持不变,具有较强的稳健性。研究没有发现政策变化与服务业企业出口集约边际之间存在任何关系。这些结论与表 3-1 的结果保持一致,说明这些结论具有较强的稳健性。有学者发现,东欧和中亚 26 个国家"一篮子"货币协议(降低货币政策变化)显著地提高企业出口可能性(扩展边际)(Inmaculada 和 Florian,2017)。还有学者在中国加入 WTO 的背景下考察出口目的国(美国和欧盟)贸易政策变化对中国企业国际化(出口)的影响(Feng 等,2017)。有学者还解释政策变化产生的原因和途径。他们认为,不确定性体现在一个国家发起反倾销可能会提高同一产品进入其他国家的不确定性(Crowley 等,2018)。例如,当 a 企业出口的 b 产品在 c 国家遭受到反倾销时,将会产生以下三种不确定性:一是 a 企业相对于其他企业 a′ 企业

出口到 c′ 国家的进入情况,二是 a 企业出口到 c′ 国家的其他产品 b′ 产品的进入情况,三是出口到其他国家 c′ 的其他企业 a′ 的进入情况。不过,他们并没有研究不确定性对企业国际化的影响。也有学者较好地解决了这些问题(Handley 和 Limão,2015)。他们不仅考虑不确定性对企业国际化的影响,而且还较为合理地解决可能存在的内生性问题。以往研究涉及企业投资和销售以及出口目的地、出口产品等问题可能存在内生性问题,影响研究结论的准确性、科学性和政策指导价值。另有学者考察出口目的国的经济政策变化对出口的二元边际的影响(Greenland 等,2014)。他们将经济政策变化对贸易成本的影响分为可变成本和固定成本两个方面。还有学者建议,从政策变化入手是一个新的尝试。因为企业投资和销售随着出口时间、出口地点和出口国家的变化而变化,因而有助于消除内生性问题(Handley 和 Limão,2015)。

本书认为,之所以政策变化与服务业企业出口扩展边际之间存在显著的负相关关系,原因是政策变化影响服务业企业国际市场进入模式选择,延缓服务业企业国际市场进入速度,增加出口企业国际市场进入成本。目前已经有研究成果(Handley,2014)支持我们的结论。他在一个动态异质性企业贸易模型中考察贸易政策变化对国际贸易的影响,研究发现后者将延缓出口商进入新的国际市场,降低出口商对国际市场关税减让的敏感度,而降低政策变化的具体措施,例如 WTO 成立时的关税约束承诺等,能够增加企业贸易的可能性。他认为,降低贸易政策变化,消除不确定性带来的合理预期是贸易创造产生的新的重要机制。有学者研究发现,东欧和中亚 26 个国家汇率波动情况均与企业出口可能性(扩展边际)、企业出口强度(集约边际)存在显著的负效应(Inmaculada 和

Florian,2017)。至于如何消除政策变化对服务业企业国际化的影响,他们认为,提高政治环境确定性有利于扩大出口规模。有学者考察了税收政策变化对企业投资决策的影响,结果发现,尽管税收政策变化可能导致企业临时性暂停投资(Stokey,2016),不过,当不确定性解决后,企业将会产生短期投资高峰。还有学者考察了政府签署贸易协议如何降低贸易环境不确定性和增加贸易利得的内在机理和作用机制。他们认为,贸易环境不确定性影响国家对外贸易,促使本国政府产生强烈的政策激励,通过签订区域贸易协定,降低贸易环境不确定性(Limão 和 Maggi,2015),这些有助于促进出口企业的对外贸易。

# 第四章　政策变化下价值链嵌入对企业创新绩效的影响

　　创新是经济可持续发展的源泉,是实现经济发展方式转变和增长动力转化的战略支撑,是实现经济结构优化和提升竞争力的战略支撑,是我国深化供给侧结构性改革的战略支撑,同时也是解决新时代我国社会主要矛盾的主要举措。企业是创新的主体。在政策变化情况下,企业嵌入全球价值链对企业创新绩效的影响是一个重要的问题。

## 第一节　提出问题与创新之处

### 一、提出问题

　　全球价值链(Global Value Chain,GVC)是指为实现商品或服务价值而连接生产、销售、回收处理等过程的全球性跨企业网络组织,涉及从原料采购和运输,半成品和成品的生产和分销,直至最终消费和回收处理的整个过程,包括所有参与者和生产销售等活动的组织及其价值、利润分配,散布于全球的处于价值链上的企业进行着设计、产品开发、生产制造、营销、交货、消费、售后服务及循环利用等各种增值活动。全球价值链使得全球企业分工协作,各国利用自身生产优势参与到经济全球化活动中,我国大部分企业处在全球价值链的低端环节,主要是以劳动、原料要素的提供为主。2008 年国际金融危机的发生对全球价值链产生极大的影响,各国关于重构全球价值链的声音不断出现。2015 年 G20 安塔利亚峰会提出"构建互利共赢的全球价值链,通过全球价值链推动经济全球化"。2016 年 G20 杭州峰会提出"重构包容性全球价值链,促进全球贸易和投资强劲增长,提升价值链效率,实现全球经济创新、协调、包容发展"的倡议并达成共识。

在全球价值链重构背景下,我国企业是否能够抓住此机遇,积极向全球价值链高端环节攀升,从而提升我国企业的创新能力?这种影响在不同行业之间是否存在异质性?科学合理地回答这些问题,能为实现经济发展方式转变和增长动力转化提供重要的理论支撑。

## 二、创新之处

国内外已有研究大多在宏观层面研究全球价值链嵌入对宏观经济的影响,缺乏在微观层面的实证分析。本章的研究具有以下三个方面的学术贡献:

一是研究视角。细化全球价值链嵌入分为全球价值链嵌入决策和全球价值链嵌入程度,更加系统全面地分析价值链嵌入与企业创新绩效之间的关系。本章利用微观企业数据开展实证分析,发现全球价值链嵌入可以提高企业创新绩效,为创新驱动战略深入实施和创新型国家建设提供重要的理论支撑。

二是研究内容。在基准回归分析中加入交互项,更深层次评估全球价值链嵌入对企业创新绩效的影响程度。同时,依次加入企业控股情况、员工接受教育培训、质量认证、企业规模等控制变量,检验基准回归结果的稳健性。

三是研究方法。本章在政策变化背景下,首先利用传统计量方法进行总样本回归结果分析,其次采用多种方法有效克服可能存在的样本选择偏差和异质性偏差问题,最后开展稳健性检验,探讨全球价值链嵌入影响企业创新绩效的内在机制。

## 第二节　价值链嵌入影响企业创新绩效的研究设计

### 一、模型设定

#### (一)基准回归模型

根据已有研究成果(Julio 和 Yook,2012;Atanassov 等,2015),本节在政策变化背景下,构建如下计量模型,用以检验嵌入全球价值链对企业创新绩效的影响:

$$FIP_i = \alpha + \beta_2 GVC_i + x_{it} + \varepsilon_i + \delta_i + \sigma_i + \mu_i \tag{4-1}$$

式(4-1)中,FIP 代表是当期企业创新绩效水平,GVC 代表企业全球价值链嵌入程度,$x_{it}$ 代表一系列当期的控制变量,包括地方保护主义、金融可得性、工人技能与教育水平、融资成本、企业合作、员工教育培训、出口、企业年龄等，$\varepsilon_i$、$\delta_i$、$\sigma_i$ 代表地区、所有制和产业效应，$\mu_i$ 代表其他不易观察的因素。

### （二）倾向得分匹配模型

众所周知，在观察研究中由于某些原因，回归结果总是受到混杂变量（Confounding Variable）和数据偏差（Date Bias）的影响，造成系统性偏差和回归结果失真的现象。例如，利用嵌入全球价值链的企业中技术创新状况最好的 10% 样本，与未嵌入全球价值链的企业中技术创新状况最差的 10% 样本相比，将会得出"嵌入全球价值链对企业创新绩效并无负面影响"的错误结论。因此，本节拟通过引进倾向得分匹配方法来尝试解决这些问题，用于回归结果的稳健性检验。

利用倾向得分匹配计算平均处理效应的一般步骤如下：选择协变量、选择 Logit 回归估计倾向得分、进行倾向得分匹配、计算平均处理效应 ATT、ATU 和 ATE。当前比较常用的倾向得分匹配方法有 k 近邻匹配、半径匹配、核匹配、局部线性回归匹配和马氏匹配等。

### 二、主要变量定义与描述

企业创新绩效：国内外学者通常选择研发投入、专利等基础指标展开对企业创新绩效的衡量，但是，由于企业类型不同以及基础指标不能够直观反映经济效益指标，因此本章选择企业当年新产品和服务销售率衡量其创新绩效，同时在问卷中设置此问题为 CNo2，且企业创新绩效为 0，可能样本企业在全球价值链嵌入并没有给样本企业带来创新绩效。

全球价值链嵌入:学者通常选择使用出口增加值的国内增加值率和海外增加值率测算企业的全球价值链嵌入程度,但是,由于相关数据的缺乏,本章通过构建二元虚拟变量,将全球价值链嵌入变量进一步分为决策变量和程度变量。其中,将全球价值链嵌入与否设为决策变量 $X_1$,如果样本企业同时进行出口和进口(d3a、d12b),则决策变量 $X_1 = 1$;反之,$X_1 = 0$。将全球价值链嵌入的程度(d3a、d12b)设为程度变量 $X_2$,如果样本企业已经嵌入全球价值链,那么 $X_2 = (Ex+Im)/2$;如果没有嵌入全球价值链,那么 $X_2 = 0$。

为了保持回归结果的严谨性,本章引入以下控制变量:企业年龄;政企关系;企业规模;员工教育培训;电子商务;质量认证;外资控股;国有控股;另外,引入地区特征和行业特征两个哑变量。变量的描述、具体定义及问卷对应问题见表4-1。

表4-1 变量含义、测算与问卷对应问题

| 变量维度 | 变量含义 | 变量描述与具体定义 | | 问卷对应问题 |
|---|---|---|---|---|
| 因变量 | 企业创新绩效 | 当年新产品和服务销售率(%) | | CNo2 |
| 自变量 | 全球价值链嵌入 | 决策 $X_1$ | 如果同时进行出口和进口,那么 $X_1 = 1$;反之,则 $X_1 = 0$ | d3a、d12b |
| | | 程度 $X_2$ | 如果已经嵌入全球价值链,那么 $X_2 = (Ex+Im)/2$;如果没有嵌入全球价值链,那么 $X_2 = 0$ | d3a、d12b |
| | 城市行政级别 | 如果所在城市是北京和上海,那么 $X_3 = 2$;如果所在城市是计划单列市或者特区,那么 $X_3 = 1$;如果是其他城市,那么 $X_3 = 0$ | | a2 |
| 交互项 | 交互项1 | 全球价值链嵌入决策×城市行政级别 | | d3a、d12b、a2 |
| | 交互项2 | 全球价值链嵌入程度×城市行政级别 | | d3a、d12b、a2 |

续表

| 变量维度 | 变量含义 | 变量描述与具体定义 | 问卷对应问题 |
|---|---|---|---|
| 控制变量 | 企业年龄 | 2012-企业成立年份 | b5 |
| | 政企关系 | 上一年如果税务部门检查过企业,那么 $X_5=1$ ;反之, $X_5=0$ | j3 |
| | 企业规模 | 如果企业员工人数在 $[5,19]$ ,则 $X_6=1$ ;如果企业员工人数在 $[20,99]$ ,则 $X_6=2$ ;如果企业员工人数大于等于100,则 $X_6=3$ (需要删除小于5) | a6a |
| | 员工教育培训 | 如果企业对员工进行正规培训项目,那么 $X_7=1$ ;反之, $X_7=0$ | l10 |
| | 电子商务 | 如果企业员工利用 E-mail 与顾客沟通,那么 $X_8=1$ ;反之, $X_8=0$ | c22a |
| | 质量认证 | 如果企业有国际质量认证(ISO 9000 或 ISO14000 或 HACCP),那么 $X_9=1$ ;反之, $X_9=0$ | b8 |
| | 外资控股 | 如果外国资本持股比例超过50%,那么 $X_{10}=1$ ;反之, $X_{10}=0$ | b2b |
| | 国有控股 | 如果国有资本持股比例超过50%,那么 $X_{11}=1$ ;反之, $X_{11}=0$ | b2c |
| | 地区特征 | 如果企业位于东部地区,那么 $X_{12}=1$ ;反之, $X_{12}=0$ | a2 |
| | 行业特征 | 制造业为1,服务业为2,其他企业为3 | a4a |

## 三、数据来源

本章选取世界银行中国企业微观数据库作为数据来源,原因有以下几点:一是微观企业数据库包含微观企业的财务、金融、经营以及特征指标等,便于寻找到企业新产品和服务销售率、企业是否参与进出口等全球价值链嵌入的测算数据,另包含企业年龄、企业规模、员工教育培训情况、质量认证和股权情况等控制变量指标数据;二是数据覆盖东部、中部、西部不同地区、不同行业类型的微观企业数据,便于本章实行分样本分析。根据已有研究成果,本章对微观样本数据进行筛选,主要依据是:(1)删去员工数量小于5

的企业样本;(2)删去在问卷调查中回答"没有回答"(Does Not
Apply)或者"不知道"(Do Not Know)或者回答结果是空白的企业
样本。在剔除部分关键指标数据缺失的样本后,最终样本是包括
2847 家企业的截面数据。

在进行回归分析之前,需要初步了解所有变量的情况。因此,
对各变量进行描述性统计,结果见表4-2。

表4-2  各变量描述性统计结果

| 变量 ＼ 指标 | 平均值 | 标准差 | 最小值 | 最大值 |
|---|---|---|---|---|
| 企业创新绩效 | 0.0030 | 0.0110 | 0 | 0.21 |
| 全球价值链嵌入(决策) | 0.0873 | 0.2824 | 0 | 1 |
| 全球价值链嵌入(程度) | 0.0317 | 0.1174 | 0 | 1 |
| 城市行政级别 | 0.5408 | 0.6506 | 0 | 2 |
| 交互项 | 0.0517 | 0.2709 | 0 | 3 |
|  | 0.0190 | 0.1028 | 0 | 1.44 |
| 企业年龄 | 12.8658 | 8.0971 | 0 | 121 |
| 政企关系 | 0.7583 | 0.4283 | 0 | 1 |
| 企业规模 | 1.9741 | 0.8111 | 1 | 3 |
| 员工教育培训 | 0.8917 | 0.3109 | 0 | 1 |
| 电子商务 | 0.9167 | 0.2764 | 0 | 1 |
| 质量认证 | 0.6492 | 0.4774 | 0 | 1 |
| 外资控股 | 0.0420 | 0.2008 | 0 | 1 |
| 国有控股 | 0.0445 | 0.2064 | 0 | 1 |
| 地区特征 | 0.7025 | 0.4573 | 0 | 1 |
| 行业特征 | 1.7348 | 0.9326 | 1 | 3 |

## 第三节　价值链嵌入影响企业
## 创新绩效的实证分析

### 一、基准回归结果

如果企业进行出口和进口经济活动,即企业实施全球价值链嵌入决策。基准回归结果如表4-3中列(1)、列(2)、列(3)所示。全球价值链嵌入决策在1%的统计性水平上显著正向影响企业创新绩效,全球价值链嵌入每提高1%,企业创新绩效平均提高2.22%—2.27%。企业参与进口和出口贸易活动,接触国际市场,国外比较先进的生产方式、思想以及技术会在很大程度上影响国内企业,通过学习国外先进的思想、技术能够推动国内企业进行创新活动,提高国内企业创新绩效。全球价值链嵌入程度的回归结果如表4-3中列(4)、列(5)、列(6)所示,表示全球价值链嵌入程度在1%的统计性水平上显著正向影响企业创新绩效,全球价值链嵌入程度每提高1%,企业创新绩效平均提高6.57%—6.58%。结果与其他研究结论一致。国内学者张方华(2010)认为,从提高外部知识获取效应角度能够对企业的创新绩效产生影响,外部知识的获取在很大程度上受全球价值链的嵌入影响,全球价值链的嵌入对企业获取外部知识产生有效的促进作用。陈劲(2014)同样支持企业与外部不同知识主体的合作能够扩大企业创新知识来源,获得互补性创新资源,从而降低企业创新成本,提高企业创新绩效。稽登科(2006)从企业共享资源、与竞争对手建立合作、资源互补三个层面对企业创新绩效的提高得到确认。部分学者认为,与外部企业进行合作能够实现共赢,加大提高企业的创新绩效(王智新,2020)。本章认为,企业嵌入全球价值链,可以获取外部知识和外部资源,从而提高企业创新绩效。

表 4-3  利用 Probit 和 OLS 方法的估计结果

| 模型<br>变量 | (1) | (2) | (3) | (4) | (5) | (6) |
|---|---|---|---|---|---|---|
| $GVC_{0-1}$ | 0.0227 ***<br>(21.37) | 0.0222 ***<br>(20.39) | 0.0222 ***<br>(20.11) | — | — | — |
| GVC | — | — | — | 0.0657 ***<br>(28.63) | 0.0658 ***<br>(28.05) | 0.0657 ***<br>(28.41) |
| 城市行政级别 | — | — | −0.0001<br>(−0.24) | — | 0.0001<br>(0.26) | — |
| 交互项 1 | 0.0032 ***<br>(2.94) | 0.0033 ***<br>(3.03) | 0.0034 ***<br>(2.90) | — | — | — |
| 交互项 2 | — | — | — | 0.0072 ***<br>(2.83) | 0.0070 ***<br>(2.60) | 0.0071 ***<br>(2.79) |
| 外资控股 | 0.0060 ***<br>(5.10) | 0.0060 ***<br>(5.09) | 0.0060 ***<br>(5.11) | 0.0037 ***<br>(3.68) | 0.0037 ***<br>(3.68) | 0.0037 ***<br>(3.68) |
| 地区特征 | No | Yes | Yes | No | Yes | Yes |
| 行业特征 | No | Yes | Yes | Yes | Yes | Yes |
| $R^2$ | 0.4481 | 0.4519 | 0.4515 | 0.6074 | 0.6069 | 0.6066 |
| N | 1237 | 1237 | 1235 | 1237 | 1235 | 1235 |

注:(1) ***、**、* 分别表示在 1%、5%、10%的水平上显著;(2)括号内数字是 T 统计量。

## 二、倾向得分匹配估计结果

### (一)中国企业创新绩效的影响因素分析

通过对变量进行倾向得分的 Logit 估计,如表 4-4 倾向得分的 Logit 估计结果显示,企业规模、员工教育培训、质量认证和外资控股显著正向影响企业创新绩效,企业规模、员工教育培训、质量认证和外资控股的回归系数分别为 0.6672、0.9759、0.6099、1.7021。

国内外关于企业规模对企业创新绩效的研究很多,学者们认为,企业规模和企业创新绩效之间存在一定的关系。熊彼特最早提出,市场集中度高、规模大的企业创新效果更好。本章得到的结论与已有研究成果是一致的。因为企业规模比较大,意味着企业具有较强的实力,在创新研发上能够投入更多的资金支持,实施更多的创新支持策略,企业内部的创新动力能够得到激发。部分学者认为,企业规模越大,越能够带来创新优势(Katz 和 Armando,2019),大型企业研发的生产率更高的原因可能在于企业能够得益于研发和其他非生产活动的互补,降低创新研发的风险。郭京京和周丹(2017)认为,大企业为了提升工作绩效,会采用多种形式进行知识储备,大企业拥有更为丰富的知识基础。还有部分学者认为,丰富的知识储备能够满足潜在的商业机会或解决现有的问题,此时规模比较大的企业更倾向于进行知识激活,进行到知识转化阶段,进而解决创新问题,提高企业创新绩效(Carlile 和Rebentisch,2003)。

同时,员工教育培训在 10% 统计水平上显著正向影响企业创新绩效。随着经济全球化发展的加深,企业间的竞争趋势越来越激烈,企业在竞争的环境中除了先进技术,人力资本同样起到至关重要的作用,企业越来越重视企业员工的培养,企业也将人力资本作为核心竞争力的重要支撑。部分学者认为,人力资本包括教育、经验和技能(Finkelstein 和 Hambrick,1995)。部分成果发现,人力资本对企业的绩效存在明显的正向影响(Vives,2019)。人力资本价值的提升往往是通过对员工教育培训实现的,企业员工进行接受教育培训,能够在很大程度上吸取优秀的工作经验、提升先进的工作技能,员工的综合素质同样能够得到提升。因此,人力资本能够产生很大的杠杆作用,对企业创新绩效产生显著正向影响。

表4-4显示,质量认证在5%的统计水平上对企业创新绩效有显著正向影响。在本章中,质量认证变量是以企业是否具有国际质量认证(ISO 9000 或 ISO14000 或 HACCP)衡量。本章的结论与已有研究成果未达成一致结论。部分学者认为,国际质量标准认证在一定程度上由于对已有技术的依赖削弱对新技术的创新动力,所以质量认证可能扼杀企业创新(Wu,2019)。本书认为,国际质量认证对企业创新也可能产生积极影响。例如,部分成果在对制造业企业的调查后发现,拥有国际质量标准认证的企业具有更强的动力进行探索式创新(王智新,2020)。原因在于,国际质量标准的引入一方面有助于提高和强化企业声誉,良好的企业声誉能够获取更多的融资渠道和更多合适的合作伙伴,有助于缓解企业探索式创新面临的融资约束;另一方面更多合作伙伴能够为企业提供更多的异质性知识,这些知识有利于推动企业探索式创新,进而提高企业创新业绩。

表4-4显示,外资控股对于企业创新绩效呈正向积极影响。部分学者认为,非国有控股的公司对于企业研发的投资力度明显大于国有控股企业。冯根福等(2017)认为,股权集中度与企业技术创新呈现倒“U”型的关系,适当的股权集中有利于企业技术创新。另外还有学者认为,股权的集中对技术创新投入的影响存在微弱的负面影响。张西征(2012)认为,目前关于股权控股对企业创新的影响尚未达成共识的原因可能是:(1)研究样本数据的差异性,企业出于自身信息的保护性,其中一些企业虽然存在企业创新投资活动,但是并未公开信息,对于研究数据的收集会产生一定的偏差。(2)国内企业往往具有一个绝对控股的股东,掌握企业

实际运营,创新投资的影响环境复杂,因此不能单纯按照理论分析。① 外资控股是企业股权形式的一种,外资资本进入国内企业的原因主要是寻求国内优势的生产资源,不仅包括国内廉价的劳动力,还包括先进技术的引进,在技术引进的角度可以在一定程度上促进企业进行创新资本的投入,提高企业的创新绩效。

表4-4 倾向得分的 Logit 估计结果(选择模型)

| 变量 | 回归系数 | T 统计值 | 标准差 |
|---|---|---|---|
| 城市行政级别 | 0.1957 | 1.21 | 0.1616 |
| 企业年龄 | −0.0029 | −0.24 | 0.0120 |
| 政企关系 | −0.3178 | −1.20 | 0.2648 |
| 企业规模 | 0.6672*** | 4.29 | 0.1556 |
| 员工教育培训 | 0.9759* | 1.61 | 0.6047 |
| 电子商务 | 1.1262 | 1.53 | 0.7345 |
| 质量认证 | 0.6099** | 2.17 | 0.2813 |
| 外资控股 | 1.7021*** | 5.25 | 0.3250 |
| 国有控股 | 0.2929 | 0.64 | 0.4599 |
| 常数项 | −6.2301*** | −6.41 | 0.9722 |

注:***、**、*分别表示在1%、5%、10%的水平上显著。

## (二)匹配的平衡性检验

进行倾向得分匹配的目的是,在控制其他变量对因变量的影响后考察核心自变量的影响,因此,匹配后样本的协变量之间应该是没有显著差异的。为了观测匹配前控制组和处理组的协变量是

---

① 张西征:《中国企业所有权结构对研发投资影响的研究》,《管理学报》2013年第10期。

否存在显著差异,本章进行匹配的平衡性检验。本章利用单个协变量匹配前后标准差减少的程度(单位:%)和双 t 分布检验等指标对匹配结果的平衡性检验进行综合评价,具体结果见表4-5。

表4-5 匹配结果的平衡性检验

| 变量 | 样本 | 处理组均值 | 控制组均值 | 偏差值 | 偏差率(%) | 双 t 检验(p 值) |
|---|---|---|---|---|---|---|
| 城市行政级别 | 匹配前 | 0.5926 | 0.5368 | 8.1 | 83.4 | 0.395 |
| | 匹配后 | 0.5926 | 0.5833 | 1.4 | | 0.918 |
| 企业年龄 | 匹配前 | 13.537 | 12.799 | 9.4 | 33.5 | 0.366 |
| | 匹配后 | 13.537 | 13.046 | 6.2 | | 0.650 |
| 政企关系 | 匹配前 | 0.7870 | 0.7551 | 9.4 | 71.0 | 0.460 |
| | 匹配后 | 0.7870 | 0.7778 | 6.2 | | 0.870 |
| 企业规模 | 匹配前 | 2.3981 | 1.9326 | 61.2 | 78.1 | 0.000 |
| | 匹配后 | 2.3981 | 2.2963 | 13.4 | | 0.299 |
| 员工教育培训 | 匹配前 | 0.9722 | 0.8838 | 34.7 | 100.0 | 0.005 |
| | 匹配后 | 0.9722 | 0.9733 | 0.0 | | 1.000 |
| 电子商务 | 匹配前 | 0.9815 | 0.9112 | 31.5 | 73.6 | 0.011 |
| | 匹配后 | 0.9815 | 1 | −8.3 | | 0.157 |
| 质量认证 | 匹配前 | 0.8333 | 0.6327 | 46.5 | 90.8 | 0.000 |
| | 匹配后 | 0.8333 | 0.8148 | 4.3 | | 0.722 |
| 外资控股 | 匹配前 | 0.1667 | 0.0302 | 46.9 | 79.6 | 0.000 |
| | 匹配后 | 0.1667 | 0.1944 | −9.5 | | 0.598 |

从表4-5中可以看出,与匹配前相比,所有协变量的标准化偏差均大幅缩小,匹配后大多数协变量在两组企业间的标准化偏差小于10%,可以接受。同时还发现,所有协变量的双 t 分布检验的结果均不拒绝处理组和控制组无系统差别的原假设。这些事实

充分说明本章所进行的协变量匹配过程合理有效,匹配后样本的协变量之间应该是没有显著差异的。

其次,为了确保倾向得分匹配方法的匹配质量,检验匹配后控制组和实验组是否还存在系统性差别,本章进行匹配质量的平衡性检验,表4-6为平衡性检验结果。从表4-6中可以看出,匹配前后,Pseudo-$R^2$的值由0.154降至0.089,几乎为零。似然比检验统计量(LR统计量)由匹配前113.05调整为匹配后26.34,并在1%的显著性水平上未被拒绝。平均值偏差和中间值偏差分别由31.3和33.1降至12.7和7.3,降幅分别达到59.42%和77.95%,充分说明匹配后标准偏差大幅下降。由此可见,经过倾向得分匹配方法后,基本消除控制组和处理组的可观测变量显性偏差,估计结果更加可靠。

表4-6 匹配质量的平衡性检验

| 最近邻匹配法 | Pseudo-$R^2$ | LR统计量 | MeanBias | MedBias | P | B | R | VAR |
|---|---|---|---|---|---|---|---|---|
| 匹配前 | 0.154 | 113.05 | 31.3 | 33.1 | 0.000 | 113.2* | 0.69 | 0 |
| 匹配后 | 0.089 | 26.34 | 12.7 | 7.3 | 0.002 | 71.9* | 0.41* | 33 |

最后,本书检验倾向得分匹配方法的匹配质量以及匹配前后各变量标准差变化情况。结果发现,大多数变量的标准差偏差在匹配后均显著缩小,其中,企业规模、员工教育培训、电子商务、质量认证、外资控股等变量缩小幅度较大。由此可见,经过倾向得分匹配方法后大多数变量的标准差偏差大幅度减小。所得到的结果比传统面板数据模型更加稳健。

利用倾向得分匹配方法,更加深入检验全球价值链嵌入是否以及如何影响企业创新绩效。利用倾向得分匹配计算平均处理效应的一般步骤如下:选择协变量、选择 Logit 回归估计倾向得分、进行倾向得分匹配、计算平均处理效应 ATT、ATU 和 ATE。当前比较常用的倾向得分匹配方法有最近邻匹配、卡尺匹配、核匹配、局部线性回归匹配、样条匹配和马氏匹配等。结果见表 4-7、表 4-8 和表 4-9。通过以下 3 个表可以看到,无论是最近邻匹配、卡尺匹配、局部线性回归匹配,还是核匹配、样条匹配、马氏距离匹配,企业全球价值链嵌入处理效应 ATT、ATE 和 ATU 都是正的,ATT 的估计结果大致是 0.0254,ATE 与 ATU 的估计值与 ATT 估计值大体相似。估计结果,在其他条件不变情况下,全球价值链嵌入与企业创新绩效显著正相关,并且在 1% 水平上显著,ATT 估计结果 0.0254 表示仅考虑全球价值链嵌入的企业样本,企业创新绩效比未嵌入价值链的企业创新绩效高出 2.54%。

表 4-7　平均处理效应估计结果(最近邻匹配和卡尺匹配)

| 估计量 | | 最近邻匹配(一对一匹配) | | | 卡尺匹配(卡尺范围=0.01) | | |
|---|---|---|---|---|---|---|---|
| | | ATT | ATE | ATU | ATT | ATE | ATU |
| 匹配估计量 | | 0.0254 *** (11.41) | 0.0253 *** (8.67) | 0.0253 *** (9.36) | 0.0252 *** (12.41) | 0.0245 *** (9.58) | 0.0246 *** (10.20) |
| 改变宽带 | 小宽带=0.005 | — | — | — | 0.0248 *** (11.65) | 0.0261 *** (9.59) | 0.0259 *** (10.12) |
| | 中宽带=0.015 | — | — | — | 0.0252 *** (11.79) | 0.0248 *** (9.06) | 0.0249 *** (9.60) |
| | 大宽带=0.020 | — | — | — | 0.0252 *** (12.32) | 0.0250 *** (9.23) | 0.0250 *** (9.78) |
| | 超大宽带=0.040 | — | — | — | 0.0256 *** (11.54) | 0.0251 *** (9.22) | 0.0252 *** (9.74) |

表 4-8　平均处理效应估计结果（局部线性回归和核匹配）

| 估计量 | | 最近邻匹配（一对一匹配） | | | 卡尺匹配（卡尺范围＝0.01） | | |
| --- | --- | --- | --- | --- | --- | --- | --- |
| | | ATT | ATE | ATU | ATT | ATE | ATU |
| 匹配估计量 | | 0.0254***<br>(12.13) | 0.0242***<br>(10.43) | 0.0242***<br>(10.92) | 0.0254***<br>(12.36) | 0.0235***<br>(11.05) | 0.0237***<br>(11.45) |
| 改变宽带 | 小宽带＝0.005 | — | — | — | 0.0254***<br>(11.28) | 0.0235***<br>(10.11) | 0.0237***<br>(10.50) |
| | 中宽带＝0.015 | — | — | — | 0.0254***<br>(11.87) | 0.0235***<br>(10.19) | 0.0237***<br>(10.63) |
| | 大宽带＝0.020 | 0.0250***<br>(12.52) | 0.0231***<br>(10.77) | 0.0232***<br>(11.31) | 0.0254***<br>(11.84) | 0.0235***<br>(10.22) | 0.0237***<br>(10.61) |
| | 超大宽带＝0.040 | 0.0254***<br>(12.46) | 0.0242***<br>(9.95) | 0.0243***<br>(10.42) | 0.0254***<br>(11.48) | 0.0235***<br>(10.39) | 0.0237***<br>(10.79) |

表 4-9　平均处理效应估计结果（样条匹配和马氏距离匹配）

| 估计量 | | 最近邻匹配（一对一匹配） | | | 卡尺匹配（卡尺范围＝0.01） | | |
| --- | --- | --- | --- | --- | --- | --- | --- |
| | | ATT | ATE | ATU | ATT | ATE | ATU |
| 匹配估计量 | | 0.0254***<br>(11.99) | 0.0231***<br>(9.90) | 0.0233***<br>(10.42) | 0.0254***<br>(11.99) | 0.0231***<br>(9.90) | 0.0233***<br>(10.42) |
| 改变宽带 | 小宽带＝0.005 | — | — | — | — | — | — |
| | 中宽带＝0.015 | — | — | — | — | — | — |
| | 大宽带＝0.020 | 0.0254***<br>(11.99) | 0.0231***<br>(9.90) | 0.0233***<br>(10.42) | 0.0225***<br>(9.58) | 0.0225***<br>(8.21) | 0.0225**<br>(9.19) |
| | 超大宽带＝0.040 | 0.0254***<br>(11.99) | 0.0231***<br>(10.14) | 0.0233***<br>(10.69) | 0.0225***<br>(9.81) | 0.0225***<br>(9.68) | 0.0225***<br>(10.46) |

## （三）偏差校正匹配估计结果

在倾向得分匹配第一阶段，本章使用 Logit 进行计量回归，由此可能造成匹配结果的偏误。由于非精确匹配一般存在偏差（陈强,2014),部分学者提出通过回归的方法来估计偏差,得到偏差校正匹配估计量(Abadie 和 Imbens,2011)。同时,可以通过在处理组或控制组内部进行二次匹配,从而得到在异方差条件下也成立的稳健性偏误。本章通过有放回的 k 近邻匹配,进行偏差校正匹配估计,努力减少因主观设定回归模型而造成的偏差。具体来说,本章首先进行一对四匹配来估计 ATT,不做偏差校正,但使用异方差稳健性标准误;其次重复以上命令,但进行偏差校正;最后,以样本协方差矩阵的逆矩阵为权重矩阵,使用马氏距离进行匹配,具体结果见表 4-10、表 4-11。

表 4-10　偏差校正匹配估计结果(总体平均处理效应 PATT)

| 变量　　匹配方法 | k | 近邻匹配 | 偏差校正匹配 | 马氏距离匹配 |
|---|---|---|---|---|
| PATT | 1 | 0.0238 *** (9.59) | 0.0237 *** (9.57) | 0.0233 *** (9.12) |
| PATT | 2 | 0.0235 *** (9.69) | 0.0235 *** (9.95) | 0.0235 *** (9.59) |
| PATT | 3 | 0.0240 *** (10.54) | 0.0240 *** (10.93) | 0.0239 *** (10.93) |
| PATT | 4 | 0.0244 *** (11.14) | 0.0241 *** (11.14) | 0.0241 *** (11.14) |

表 4-11　偏差校正匹配估计结果(样本平均处理效应 SATT)

| 变量　　匹配方法 | k | 近邻匹配 | 偏差校正匹配 | 马氏距离匹配 |
|---|---|---|---|---|
| SATT | 1 | 0.0238 *** (10.12) | 0.0237 *** (10.06) | 0.0237 *** (10.23) |
| SATT | 2 | 0.0235 *** (10.62) | 0.0234 *** (10.56) | 0.0235 *** (10.46) |
| SATT | 3 | 0.0240 *** (11.89) | 0.0238 *** (11.82) | 0.0240 *** (11.662.45) |
| SATT | 4 | 0.0244 *** (12.45) | 0.0243 *** (12.38) | 0.0243 *** (12.45) |

表4-11的 k 近邻匹配中,权重矩阵是主对角线元素为各变量样本方差的对角矩阵的逆矩阵。本章使用异方差稳健标准误但不做偏差校正,无论 k 取什么值,样本平均处理效应的估计值是在 0.0235 与 0.0244 之间,p 值为 0,说明全球价值链嵌入在 1% 的统计性水平显著正向促进企业创新绩效。重复以上命令进行偏差校正匹配后,本章发现,样本平均处理效应的估计值在 0.0234 与 0.0243 之间,p 值为 0,再次说明全球价值链嵌入在 1% 的统计性水平显著正向提升企业创新绩效。表 4-11 中以样本协方差矩阵的逆矩阵为权重矩阵,使用马氏距离进行匹配后,样本平均处理效应的估计值在 0.0235 与 0.0243 之间,p 值为 0,充分说明全球价值链嵌入在 1% 的统计性水平显著正向促进企业创新绩效,并且也说明本章结论具有较强的稳健性。

### 三、分样本的扩展性分析

为了进一步研究全球价值链嵌入影响企业创新效率的异质性,本章按照企业的区域分布、企业类型、企业员工教育培训与否将样本进一步细化,回归结果见表 4-12、表 4-13 和表 4-14。

表4-12　分样本回归结果一

| 样本<br>变量 | 东部企业 | | 中西部企业 | |
|---|---|---|---|---|
| | （1） | （2） | （3） | （4） |
| 全球价值链嵌入 | 0.0225 ***<br>（17.6738） | 0.0735 ***<br>（23.8187） | 0.0215 ***<br>（10.7486） | 0.0656 ***<br>（14.1664） |
| 交互项 | 0.0033 ***<br>（2.6233） | 0.0076 ***<br>（2.4297） | 0.0026<br>（0.1975） | 0.0085<br>（1.0067） |
| 外资控股 | 0.0087 ***<br>（5.3269） | 0.0046 ***<br>（3.2996） | 0.0008<br>（0.7271） | 0.0022 **<br>（2.1341） |

| 样本<br>变量 | 东部企业 | | 中西部企业 | |
|---|---|---|---|---|
| | （1） | （2） | （3） | （4） |
| $R^2$ | 0.4484 | 0.6099 | 0.3852 | 0.4934 |
| N | 865 | 869 | 364 | 368 |

注:(1) ***、**、* 分别表示在 1%、5%、10%的水平上显著;(2)括号内数字是 T 统计量;(3)列(1)、列(3)是决策,列(2)、列(4)是程度。

　　根据表 4-12 东部企业和中西部企业样本回归结果显示,表 4-12 中列(1)、列(3)表示全球价值链嵌入决策对企业创新绩效的影响,东部地区的企业参与进出口的活动对企业创新绩效的正向效应为 0.0225,在 1%的统计水平上显著高于中西部地区的 0.0215;另外,全球价值链嵌入决策和城市行政级别的交互项对东部地区的企业的创新绩效的影响在 1%的统计水平上显著正向影响企业的创新绩效,正向效应为 0.0033,但是对中西部地区的影响是不显著的。表 4-12 中列(2)和列(4)表示全球价值链嵌入程度对企业创新绩效的影响,东部地区和西部地区企业的全球价值链嵌入程度对其创新绩效都呈正向效应,但是中西部企业全球价值链嵌入程度对企业创新绩效的正向效应(0.0656)低于东部企业(0.0735)。另外,随着城市行政类别的增强全球价值链嵌入对东部企业创新绩效也是促进的,但是对中西部企业的创新绩效是不显著的。通过在外资控股的控制变量下,全球价值链嵌入决策和程度对于企业创新绩效的回归结果可以看出,外资控股的企业在嵌入全球价值链时对企业创新绩效的促进作用是在 1%的统计水平上显著,其中东部企业的正向效应高于中西部企业。

　　得到以上结论可能的解释是,相较于中西部地区,东部地区开放创新程度比较高、城市行政级别较高、创新环境比较优良、外资资本比较多、创新研发会更加积极主动,因此,在全球价值链的背景下,东部企业更易于加大创新投入,加大研发投资支出,从而提高企业创新绩效,努力在未来市场上占有更大的市场份额和获取更广阔的发展空间。陈铭和向宽虎(2014)的研究表明,开发区政策对于东部沿海地区的企业的创新绩效比对中西部企业的创新绩效更为有利,另有江兵(2018)认为,东部集聚大量的资本以及优秀人才,而西部缺乏优良的基础条件。因此,本章认为全球价值链嵌入带动企业发展,提升企业创新绩效。

表4-13 分样本回归结果二

| 样本<br>变量 | 制造业企业 | | 服务业企业 | | 国有企业 | |
|---|---|---|---|---|---|---|
| | (5) | (6) | (7) | (8) | (9) | (10) |
| 全球价值链嵌入 | 0.0224 ***<br>(15.7853) | 0.0656 ***<br>(21.3663) | 0.0222 ***<br>(20.04) | 0.0657 ***<br>(27.93) | 0.0123 ***<br>(8.3131) | 0.0787 ***<br>(14.2827) |
| 交互项 | 0.0031 **<br>(2.1768) | 0.0068 **<br>(1.8695) | 0.0033 ***<br>(2.88) | 0.0071 ***<br>(2.65) | -0.0025<br>(-0.9948) | -0.0403 ***<br>(-5.0805) |
| 外资控股 | 0.0080 ***<br>(4.4752) | 0.0050 ***<br>(3.2815) | 0.0060 ***<br>(5.02) | 0.0037 ***<br>(3.69) | -0.0002<br>(-0.0965) | -0.0004<br>(-0.2757) |
| $R^2$ | 0.4247 | 0.5871 | 0.4474 | 0.6057 | 0.6202 | 0.8214 |
| N | 726 | 725 | 1235 | 1235 | 50 | 49 |

注:(1) ***、**、*分别表示在1%、5%、10%的水平上显著;(2)括号内数字是T统计量;(3)列(5)、列(7)、列(9)是决策,列(6)、列(8)、列(10)是程度。

表4-13中,从不同类型企业样本的回归结果可以看到,嵌入全球价值链的决策和程度对制造业企业、服务业企业和国有企业的创新绩效都是正向的,其中全球价值链嵌入决策即参与进出口经济活动对制造业企业、服务业企业和国有企业的企业创新绩效的促进作用分别为0.0224、0.0222和0.0123,另外全球价值链嵌入程度对制造业、服务业和国有企业的企业创新绩效的正向作用

分别为 0.0656、0.0657 和 0.0787 且显著。由此可知,无论是制造业企业还是服务业企业,国有企业积极参与全球价值链,能够促进其企业创新绩效的提高。

另外,表 4-13 中,交互项和外资控股变量回归结果显示,随着企业所在城市的行政级别的增高,全球价值链嵌入对于制造业企业和服务业企业创新绩效的影响是显著正向的,但是与全球价值链嵌入变量对企业创新绩效的正向效应相比较低,可能原因是本章分析行政级别对全样本企业创新绩效的影响虽不显著但有反向影响倾向。外资控股对制造业企业和服务业企业创新绩效是正向效应且在 1% 的统计水平下显著。

究其原因,国有企业虽然具有良好的技术创新基础和创新能力,但是国有企业的创新动力和创新空间不足。交互项对于国有企业创新绩效有负向影响,其中张维迎(1995)认为,国有企业创新绩效低下的原因是委托—代理链条太长。在此基础上本章认为,随着城市行政级别的提高,委托—代理链条会变长,中央政府对国有企业的监督成本越大,越可能造成"内部控制"的现象,对企业创新绩效具有一定程度的影响。另一主要因素是管理和组织形式,路风(2000)认为"铁饭碗"和工作场所福利制为核心的劳动关系结构对于国有企业的管理和创新发展产生严重的限制。本章认同路风(2000)的观点,认为随着国有企业所在的城市行政级别的提高,这种劳动关系结构越坚固,即对国有企业创新绩效的负面影响越明显。

综上所述,无论是制造业企业还是服务业企业,国有企业积极参与全球价值链,能够促进其创新绩效的提高,交互项和外资控股对国有企业创新绩效具有负向效应倾向。

表4-14　分样本回归结果三

| 样本<br>变量 | 员工教育培训企业 | | 员工未教育培训企业 | |
|---|---|---|---|---|
| | （11） | （12） | （13） | （14） |
| 全球价值链嵌入 | 0.0223 ***<br>（18.89） | 0.0657 ***<br>（26.27） | 0.0092<br>（2.68） | 0.0606 ***<br>（4.51） |
| 交互项 | 0.0031 **<br>（2.55） | 0.0073 **<br>（2.55） | −0.0003 *<br>（−0.76） | 0.0047<br>（0.34） |
| 外资控股 | 0.0062 ***<br>（4.84） | 0.0038 ***<br>（3.48） | 0.0005<br>（0.23） | 0.0006<br>（0.47） |
| $R^2$ | 0.4450 | 0.5997 | 0.5323 | 0.8372 |
| N | 1101 | 1101 | 134 | 134 |

注:(1) *** 、** 、* 分别表示在1%、5%、10%的水平上显著;(2)括号内数字是T统计量;(3)列(11)、列(13)是决策,列(12)、列(14)是程度。

通过表4-14员工教育培训企业和员工未教育培训企业的分样本回归结果显示,全球价值链嵌入的决策和程度对员工接受教育培训企业的创新绩效存在正向效应,分别为0.0223和0.0657。随着所在城市行政级别的提高,全球价值链的嵌入决策和程度促进员工教育培训企业的创新绩效,在5%的统计水平上呈显著影响,正向效应分别为0.0031和0.0073。另外,外资控股对于员工教育培训企业的创新绩效是促进的。员工未接受教育培训的企业,全球价值链嵌入、交互项和外资控股对其创新绩效的影响是不显著的。

在经济全球化和竞争激烈的背景下,人力资本在企业提升竞争力中的作用日益显著,员工的创造力对企业创新绩效的影响也越来越大,在知识型社会,员工的创造力主要通过企业开展的教育培训活动得到提高,员工经过教育培训的企业相比员工未经过教育培训的企业对创新绩效的促进影响较大。国内学者李忠民(1999)认为,人力资本对企业劳动生产率的提高和企业绩效是促进的,另外,刘烈龙和张乖利(2003)认为,在知识经济时代,企业的人力资本特别是企业中创新型人力资本是决定企业绩效的关键因素。

## 第四节　内在机制检验

### 一、机理分析

前文发现,全球价值链嵌入显著正向促进企业创新绩效。本节进一步探究全球价值链嵌入影响企业创新绩效的内在机制。我们认为,全球价值链主要是通过企业开放式创新影响企业创新绩效,其内在机制是随着全球价值链嵌入,企业开放式创新活动的深入使企业将外部资源(外部信息、外部技术、外部思想等)与内部资源融合提升,深入挖掘研发资源和前沿技术,拓展企业技术竞争优势和创新绩效。

随着全球价值链的深入发展,开放创新已然是极为重要的创新形式,外部创新网络嵌入企业内部,利用外部异质先进的知识和技术与企业内部已有的知识和技术互通有无已经成为企业创新发展的有效措施。部分学者认为,企业的创新资源能够从组织外部和内部之间进行流通,即企业从内部和外部获得吸收创新资源,企业的创新能力得到提高(Chesbrough,2003)。部分学者认为,开放式创新的企业在发展中需要将企业内部和外部的先进技术和思想充分融合贯穿到企业创新发展中(Hastbacka,2004)。与此相对照,部分学者认为,开放式创新给企业带来困难,因为开放式创新对于技术开发存在成本较高和障碍较大的困境(王智新,2020)。国内学者陈劲(2006)、陈曦和缪小明(2012)、莫斯惠(2017)认为,开放式创新对企业的发展具有促进作用。全球价值链嵌入同样以国内外企业之间的生产合作进行资源的合理配置。

综上所述,全球价值链嵌入能够以开放创新促进企业创新绩效的提高,即全球价值链嵌入影响企业创新绩效的内在机制是开放式创新。下文利用微观数据来证明这个观点。

## 二、机制检验

本书采纳王智新和赵景峰(2019)的研究成果,分别选择合作度和开放度表示开放式创新,即选择"企业是否与其他企业进行研发合作"作为合作度。同时,选择"企业开放式创新程度"作为开放度,表征企业开放式创新用于稳健性检验,其中自变量为企业嵌入全球价值链。企业嵌入全球价值链,主要包括产业升级、技术创新和创新思维等,在经济全球化的背景下,国际范围内竞争的激烈加剧,企业只依赖内部创新资源是满足不了创新需求的,企业的竞争力得不到提高,享受不了更多的市场份额和销售红利。企业接受开放式创新,引进优质的外部创新资源,综合内部创新资源,实现内外创新资源共享、加大信息流通渠道、开展技术革新,从而增强企业的创新绩效提高企业的国际竞争力。

利用近邻匹配、半径匹配、核匹配、局部线性回归匹配、马氏匹配等不同匹配方法所得到的倾向得分匹配回归结果见表4-15。表4-15显示,K近邻一对四匹配的结果与一对一匹配类似,只是ATT的估计值有较大差异,且在5%水平上显著,接着对卡尺内一对四匹配。为了保持稳健性,本书将卡尺范围确定为0.01,意味着对倾向得分相差1%的观测值进行一对四匹配,结果显示,卡尺内一对四匹配结果与半径匹配结果比较接近,接着对核匹配和局部线性回归匹配,可以看出对平均处理效应的三种度量至少在5%水平上显著,样条匹配的结果类似。无论采用哪种匹配方法,嵌入全球价值链的企业的平均处理效应为正且显著,并且在马氏匹配后得到结果与倾向得分匹配类似,说明全球价值链嵌入均显著正向促进企业开放创新,说明本书的结论具有非常强的稳健性。

表4-15　不同倾向得分匹配结果

| 处理效应＼匹配方法 | 近邻匹配 | | 卡尺匹配 | | 核匹配 |
|---|---|---|---|---|---|
| | 一对一 | 一对四 | 一对四 | 半径 | |
| 平均处理效应ATT | 0.4058**<br>(2.57) | 0.3044**<br>(2.22) | 0.3600**<br>(2.58) | 0.2997***<br>(2.64) | 0.2884***<br>(2.70) |
| 未参加者平均处理效应ATU | 0.3756***<br>(2.99) | 0.3903**<br>(3.14) | 0.3568***<br>(2.88) | 0.3624***<br>(3.09) | 0.3699***<br>(3.16) |
| 整个样本平均处理效应ATE | 0.3788***<br>(3.29) | 0.3812**<br>(3.21) | 0.3571***<br>(3.02) | 0.3559***<br>(3.16) | 0.3613***<br>(3.19) |

| 处理效应＼匹配方法 | 局部线性回归匹配 | 样条匹配 | 马氏匹配 |
|---|---|---|---|
| 平均处理效应ATT | 0.2699**<br>(2.52) | 0.2991***<br>(2.77) | 0.3638***<br>(4.63) |
| 未参加者平均处理效应ATU | 0.3670***<br>(2.85) | 0.3342***<br>(2.75) | 0.3638***<br>(3.22) |
| 整个样本平均处理效应ATE | 0.3567***<br>(2.90) | 0.3304***<br>(2.81) | 0.3662***<br>(3.44) |

通过有放回且允许并列的k近邻匹配,进行偏差校正匹配估计(陈强,2014;Abadie和Imbens,2011),努力减少因主观设定回归模型而造成的偏差,具体结果见表4-16。

表 4-16 偏差校正匹配估计结果

| k | 处理效应 | 近邻匹配 | 偏差校正匹配 | 马氏距离匹配 |
|---|---|---|---|---|
| 1 | SATT | 0.3130 *** (2.93) | 0.3173 *** (2.98) | 0.3067 *** (2.85) |
| | SATC | 0.3582 *** (0.3582) | 0.3390 *** (2.64) | 0.3535 *** (2.81) |
| | SATE | 0.3535 *** (2.91) | 0.3368 *** (2.78) | 0.3486 *** (2.93) |
| 2 | SATT | 0.3452 *** (3.30) | 0.2755 *** (2.62) | 0.2863 *** (2.73) |
| | SATC | 0.3383 *** (3.35) | 0.3304 *** (3.15) | 0.3512 *** (3.38) |
| | SATE | 0.3383 *** (3.35) | 0.3246 *** (3.21) | 0.3444 *** (3.44) |
| 3 | SATT | 0.2755 *** (2.63) | 0.2722 *** (2.71) | 0.2832 *** (2.70) |
| | SATC | 0.3323 *** (3.27) | 0.3163 *** (3.11) | 0.3366 *** (3.33) |
| | SATE | 0.3264 *** (3.31) | 0.3117 *** (3.16) | 0.3310 *** (3.38) |
| 4 | SATT | 0.2977 *** (2.93) | 0.2942 *** (2.89) | 0.2936 *** (2.85) |
| | SATC | 0.3552 *** (3.41) | 0.3313 *** (3.18) | 0.3411 *** (3.25) |
| | SATE | 0.3492 *** (3.47) | 0.3274 *** (3.25) | 0.3362 *** (3.31) |

表 4-16 的 k 近邻匹配中,权重矩阵是主对角线元素为各变量样本方差的对角矩阵的逆矩阵。通过一对四匹配来估计 ATT, k=1、2、3、4,本书使用异方差稳健标准误但不做偏差校正,ATT 估计值分别为 0.3130、0.3452、0.2755、0.2977,且均在 1% 水平上显著,说明全球价值链嵌入对企业开放创新是正向促进的。重复以上命令进行偏差校正匹配后,ATT 的估计值分别为 0.3173、0.2755、0.2722、0.2942,经过偏差校正后,ATT 的估计值是减少的趋势,并

且在 1% 的统计水平上显著,再次说明全球价值链嵌入在 1% 的统计水平下显著正向促进企业开放创新。表 4-16 中以样本协方差矩阵的逆矩阵为权重矩阵,使用马氏距离进行匹配后,ATT 的估计值分别为 0.3067、0.2863、0.2832、0.2936,由此可以确定在 1% 的统计水平下全球价值链嵌入对企业开放创新是促进的,无论使用哪种加权矩阵,对估计结果影响不大。由此印证前文提出观点的正确性,全球价值链嵌入能够以企业开放创新促进企业创新绩效的提高,即全球价值链嵌入影响企业创新绩效的内在机制是开放式创新。

# 第五章　营商政策变化对企业技术创新的影响

营商政策变化与企业技术创新之间存在什么关系,这一议题至今还没有形成较为一致的看法。本章在异质性假设下,利用世界银行中国企业微观数据库,开展理论与实证分析,重点探讨以下问题:为什么中国较为滞后的营商环境改善与稳步提升的企业技术创新相伴而生,营商环境改善与企业技术创新之间究竟存在什么内在联系,其内在机制是什么。另外,在中国独特的政治制度和行政体系下,城市行政级别关系着财政支持、资源配置和政治关联等。企业所在的城市行政级别对于营商环境改善与企业技术创新之间的关系是否有显著的调节效应,等等。

## 第一节　中国营商环境变化与企业 技术创新现状

党的十九大报告提出,要全面实施市场准入负面清单制度,清理废除妨碍统一市场和公平竞争的各种规定和做法,转变政府职能,深化简政放权,创新监管方式。近些年,我国持续深化"放管服"改革,全面实施市场准入负面清单制度,不断压缩企业商标注册周期、工程建设项目审批周期,深入推进"互联网+政务服务",力争实现"只进一扇门""最多跑一次""一站式"服务,地区营商环境不断得到优化提升,市场活力持续释放。不过,我国的营商环境还面临着施工许可办理难度大、纳税问题突出、开办企业过程烦琐、中小投资者保护不足等问题。《2020 年全球营商环境报告》显示,在过去的一年,我国营商环境总体评价在 190 个经济体中位列第 31 位,较上一年度上升 15 位,不过,部分指标还不太理想,例如,在"办理破产"领域排名第 51 位,在"跨境贸易"领域排名第 56 位,在"获得信贷"领域排名第 80 位,在"纳税"领域排名第 105 位。

与此相对照,近些年我国不断加大研发投入,科技进步贡献率大幅提升,逐步建立以企业为主体、市场为导向、产学研深度融合的技术创新体系,企业技术创新能力和水平稳步提高。2018 年政府工作报告显示,五年来,创新驱动发展成果丰硕,全社会研发投入年均增长 11%,规模跃居世界第二位,科技进步贡献率由52.2%提高到57.5%。2019 年 7 月 24 日,世界知识产权组织发布的《2019 年全球创新指数报告》显示,中国得分 78.35,排名由2018 年的第 19 位上升至 2019 年的第 16 位,其中,研发强度排名第 14 位,制造业附加值排名第 13 位,高技术强度排名第 11 位,专利活动排名第 2 位,均比往年有大幅度提高。

## 第二节　已有文献综述与创新之处

### 一、营商环境的内涵与政策变化

营商环境是当前和预期的政策、制度和行为环境,不仅关系着国家宏观层面的问题,如货币政策、财政政策、汇率政策和政策稳定性等,而且关系着政府管理制度方面的问题,如一国政治体制、法律体系、监管制度等,甚至还涉及基础设施方面的问题。又如开办企业、执行合同、办理破产、保护少数投资者等。地区营商环境是由企业内生而影响企业经营成本费用的经济环境,包括法律体系、金融体系、宏观微观环境以及其他社会因素(Carlin 等,2007)。一直以来,营商环境改善对企业技术创新的影响受到较少的关注,主要原因是缺乏营商环境和企业层面微观数据(Thomas 等,2017)。传统的做法是利用特定的统计数据指标,如基础设施(Limño 和 Venables,2001)、交易成本(Elbadawi,2006)、公路里程、电话线路,或者如经济自由度指数、腐败指数一类的专家评分指标等作为一国地区营商环境的替代变量进行跨国宏观层面研究,因为营商环境改善是一个较为复杂的指标系统,已有指标评价或从宏观层面对营商环境某个方面寻找替代变量,难以反映营商环境改善的整体特征,或从主观层面对营商环境进行主观评分,无法为决策层提供真实且有效的政策建议(Carlin 和 Seabright,2007)。

近些年,国内外不少学者开始实证营商环境改善对宏观经济的影响,例如,部分学者评估法国零售贸易行业分区法规对当地就业率增长的影响,结果发现,更加严格的登记制度增加了法国零售贸易的行业集中度,不过降低了当地就业增长率(Bertrand 和 Kramarz,2002)。部分学者介绍墨西哥尝试在不同市区不同时点增加公司注册的改革,结果发现,这些改革导致企业注册量增加5%,社会就业率增加 2.2%,不过,由于新进入企业数量和竞争力的增加导致在位企业收入水平降低 3%(Bruhn,2011)。部分学者实证意大利企业注册制度改革对地区经济增长的影响(Bianco 和 Bripi,2010)。部分学者以意大利、波兰、罗马尼亚和西班牙为例发现,所处地区的营商环境更加良好的企业展现出更加优异的销售业绩、更快的销售增速和更高的销售利润率(Thomas 等,2017)。部分学者认为,地区营商环境较少影响企业绩效水平,地区之间固定效应比地区内部营商环境对企业绩效影响更加明显。部分成果开始关注营商环境对国际贸易的影响(Commander 和 Svejnar,2011)。部分学者发现,基础设施、金融服务、政府管理和清关效率与企业出口显著相关,地区营商环境能够拓展企业出口范围和规模(Dollar 等,2006)。还有部分学者认为,贸易基础设施、贸易监管等能够直接影响企业的出口意愿,这一结论得到毛里求斯和赞比亚国家数据的验证(Edwards 和 Balchin,2008)。

国内不少成果开始注意到营商环境改善的重要性,不过依然受限于数据可得性,缺乏针对营商环境改善的整体性、系统性研究。刘志彪和张杰(2009)发现,企业地理区位与出口密集度之间具有显著的正相关性。盛丹等(2011)发现,公路网密度、铁路网密度和电话用户显著正向影响企业出口,不过,互联网用户数量并没有表现出明显的促进作用。周守华等(2015)实证检验企业所处的融资环境对出口模式的影响。张龑和孙浦阳(2016)认为,地理契约特征对贸易持续期的影响因贸易产品的异质性契约特征而存在差异,良好的地区契约环境能够在更大的边际效应上降低违约风险,并能够在高契约依赖度的产品贸易中得到更好的发挥。张会清(2017)认为,不同地区在政法环境、贸易便利以及要素市场方面的环境差异,是导致企业出口强度分化的重要因素,不足之处在于没有探究这些营商环境改善对企业技术创新的影响异质性。

### 二、创新之处

尽管越来越多的国内外文献开始微观层面的理论和实证研究,不过仍然存在一些不足之处。本书的创新之处有以下三个方面:

一是构建我国营商环境改善的评价指标体系。针对国内外对营商环境改善评价指标体系关注不够的现状,本书以企业微观视角,从基础设施、社会环境、要素市场、制度环境四个层面构建营商环境改善的评价指标体系。该指标体系突出科学性、针对性和实效性,为客观公正合理评价营商环境改善提供根本遵循。

二是分析营商环境改善对企业技术创新的影响。针对国内学界较少探讨营商环境改善对企业技术创新的影响以及城市行政级别的调节效应,本书利用2013年世界银行中国企业微观数据库进行实证分析。结果发现,营商环境改善显著促进企业技术创新水平提高。不过,随着城市行政级别不断提高,营商环境改善将负向影响企业技术创新。这些结论在行业层面、地区层面和所有制层面具有较强的稳健性,对提高企业技术创新绩效,加强国家创新体系建设,加快创新型国家建设具有重要的现实意义。

三是探究营商环境改善对企业技术创新的影响机制。本书还从营商环境改善对国际贸易变化以及影响个体受教育程度两个方面,分析营商环境改善对企业技术创新的可能影响机制,为企业通过"出口中学习"效应可以更容易获得技术外溢效应,加大对工人的教育培训增加企业人力资源存量提供理论支撑。

## 第三节　营商政策变化影响企业技术创新研究设计

### 一、数据来源

2013 年,世界银行公布中国企业微观数据库,这个数据库是世界银行在 2011 年 12 月至 2013 年 2 月,从基本情况、基础设施、市场竞争等方面,采用分层抽样方法,对中国的 2700 家民营企业(1692 个制造业企业、1008 个服务业企业)和 148 家国有企业进行调查,所有调查问题截至 2011 年年底。本书所涉及的企业微观样本数据包括企业对营商环境指标的主观评分、营商环境改善客观数据、企业技术创新模式、企业技术创新途径、企业技术创新绩效、企业生产经营等主要指标,数据范围覆盖我国东、中、西部的 25 个城市和 27 个大类行业。根据已有研究成果,本书对微观样本数据进行筛选,主要依据是:(1)删去员工数量小于 5 的企业样本;(2)删去在问卷调查中回答"没有回答"(Does Not Apply)或者"不知道"(Do Not Know)或者回答结果是空白的企业样本。在剔除部分关键指标数据缺失的样本后,最终样本是包括 2815 家企业的截面数据。

### 二、变量选取与测算

企业技术创新:已有文献广泛采用发明专利或者研发投入来

衡量企业技术创新,不过,2013年世界银行中国企业微观数据库中没有涉及专利信息,同时企业研发投入仅仅考察企业正式的技术创新,而且没有考虑企业研发产出和研发绩效。本书在创新模式、创新途径、创新绩效三个层面综合全面地考察企业技术创新。具体来说,在创新模式层面,本书选择"企业目前是否从外资企业引进技术?"(e6)和"过去三年企业是否与其他企业开展合作研发活动?"(CNo5);在创新途径层面,本书选择"过去三年企业是否从事流程创新?"(CNo14a)和"过去三年企业是否从事产品(服务)创新?"(CNo14e);在创新绩效层面,本书选择"过去三年企业产品或服务创新带来的销售额比例"(CNo2)。

营商环境改善:营商环境是当前和预期的政策、制度以及行为环境,直接影响企业的回报和风险(Stern,2002),准确衡量营商环境改善是一项涉及经济社会改革和对外开放众多领域的复杂工程。部分学者认为,营商环境是不受单个企业控制但影响企业经营的成本费用、便捷性、稳定性的经济环境,包括基础设施、法律体系、金融体系、宏微观政策环境以及其他社会因素。由于营商环境是一个非常复杂的系统(Carlin 和 Seabright,2007),科学合理地评价营商环境一直是学界的重要话题。由于数据局限性,之前的研究仅仅从宏观层面对营商环境进行评价。在理论研究过程中,不少成果假定一国内部所有营商环境改善完全一致,这种假设明显不符合实际,导致已有的营商环境评价结果和研究结论仅仅停留于理论研究。王智新(2021)认为,一国内部的不同地区之间,营商环境差异性非常明显。本书结合2013年世界银行中国企业微观数据库,分别从基础设施、社会环境、要素市场、制度环境四个层面制定中国营商环境改善的评价指标体系,具体的一级指标、二级指标、指标说明和问卷对应问题等重要信息见表5-1。

表5-1　营商环境改善评价指标体系

| 一级指标 | 二级指标 | 指标说明 | 问卷对应问题 |
|---|---|---|---|
| 基础设施 | 电力供应 | 所在地区电力供应对公司目前运行的影响程度 | c30a |
| | 通信条件 | 所在地区通信条件对公司目前运行的影响程度 | c30b |
| | 交通设施 | 所在地区交通设施对公司目前运行的影响程度 | d30a |
| 社会环境 | 政局危机 | 所在地区政局危机对公司目前运行的影响程度 | j30e |
| | 社会腐败 | 所在地区社会腐败对公司目前运行的影响程度 | j30f |
| | 司法公正 | 所在地区司法公正对公司目前运行的影响程度 | h30 |
| | 市场竞争 | 所在地区市场竞争对公司目前运行的影响程度 | e30 |
| | 社会环境 | 所在地区犯罪、偷盗和骚乱对公司目前运行的影响程度 | i30 |
| 要素市场 | 融资便利 | 所在地区融资便利对公司目前运行的影响程度 | k30 |
| | 土地可得性 | 所在地区土地可得性对公司目前运行的影响程度 | g30a |
| | 劳动市场监管 | 所在地区劳动市场监管对公司目前运行的影响程度 | l30a |
| | 高素质劳动力 | 所在地区高素质劳动力对公司目前运行的影响程度 | l30b |
| 制度环境 | 关贸监管 | 所在地区关贸监管对公司目前运行的影响程度 | d30b |
| | 税率水平 | 所在地区税率水平对公司目前运行的影响程度 | j30a |
| | 税收监管 | 所在地区税收监管对公司目前运行的影响程度 | j30b |
| | 营业许可 | 所在地区营业许可对公司目前运行的影响程度 | j30c |

为了确保回归结果的合理性,本书还控制出口比例、企业年龄、信息化、企业规模、电子商务、质量认证等变量,另外还控制地区特征哑变量。所有变量设计与统计性描述见表5-2。

表 5-2 变量设计与统计性描述

| 变量维度 | 变量 | 变量描述 | | 问卷对应问题 |
|---|---|---|---|---|
| 因变量 | 企业技术创新 | 创新模式 | 技术引进 | e6 |
| | | | 合作研发 | CNo5 |
| | | 创新途径 | 流程创新 | CNo14a |
| | | | 产品创新 | CNo14e |
| | | 创新绩效 | 新产品销售率 | CNo2 |
| 自变量 | 营商环境改善 | 基础设施 | | c30a、c30b、d30a |
| | | 社会环境 | | j30e、j30f、h30、e30、i30 |
| | | 要素市场 | | k30、g30a、l30a、l30b |
| | | 制度环境 | | d30b、j30a、j30b、j30c |
| | 城市行政级别 | 城市等级、行政级别 | | a2 |
| 交互项 | 营商环境改善×城市行政级别 | 基础设施×城市行政级别 | | c30a、c30b、d30a、a2 |
| | | 社会环境×城市行政级别 | | j30e、j30f、h30、e30、i30、a2 |
| | | 要素市场×城市行政级别 | | k30、g30a、l30a、l30b、a2 |
| | | 制度环境×城市行政级别 | | d30b、j30a、j30b、j30c、a2 |
| 控制变量 | 出口比例 | 出口额占年销售额的比例 | | d3b、d3c、a2 |
| | 企业年龄 | 2012-成立年份 | | b5 |
| | 信息化 | 三年前员工运用电脑的比例 | | CNo9 |
| | 企业规模 | 员工规模(需要删除小于5) | | l1 |
| | 电子商务 | 利用 E-mail 与顾客沟通 | | c22a |
| | 质量认证 | 有无国际质量认证 | | b9 |
| | 地区特征 | 城市所处区位 | | a2 |

## 三、模型构建

本章主要涉及两种类型的计量模型:第一种类型是讨论营商政策变化对企业技术创新决策(技术引进、合作研发、流程创新、产品创新)的影响;第二种类型是讨论营商政策变化对企业技术创新绩效(新产品销售率)的影响。

## (一)二元响应模型

首先,本书引入营商环境改善重要变量,其线性化二元响应模型如下:

$$P(y_i = 1 \mid x) = \beta_0 + \beta_1 x_{1i} + \beta_2 x_{2i} + \beta_3 x_{1i} x_{2i} + \beta_4 X_i \qquad (5-1)$$

式(5-1)中,$y_i$ 表示企业 $i$ 技术创新决策,主要是企业技术创新模式、企业技术创新途径,具体包括是否进行技术引进、是否进行合作研发、是否进行流程创新、是否进行产品创新,若企业 $i$ 进行技术创新,那么 $y_i = 1$,否则 $y_i = 0$;$x_{1i}$ 是营商环境改善,主要体现在当地基础设施、社会环境、要素市场、制度环境对企业目前运行的影响程度;$x_{2i}$ 是企业所在城市的行政级别,主要说明在当今中国行政等级体系下,城市不同的行政级别对企业技术创新的影响;$x_{1i} x_{2i}$ 是营商环境改善与城市行政级别的交互项,用于分析两者交互作用对企业技术创新的影响;$X_i$ 表示其他控制变量,包括出口比例、企业年龄、信息化、企业规模、电子商务、质量认证等,另外,本书还控制地区虚拟变量和产业虚拟变量。

## (二)Fractional Logit 模型

为了进一步检验营商环境改善与城市行政级别对企业技术创新的影响,本书引入企业技术创新绩效(新产品销售率),其回归模型如式(5-1)所示。不过,$y_i$ 表示企业 $i$ 技术创新绩效,通过企业新产品在产品销售中的比例来衡量。针对企业技术创新绩效存在零值的情况,苏振东等(2012)认为,存在零值的这种极其特殊情况尤其需要引起注意,一方面可能是在样本考察期内没有观测到企业技术创新绩效,另一方面可能是由于某些结构性因素导致企业没有进行技术创新。本书接受苏振东等(2012)的建议,放弃OLS 回归、Logit 回归、Tobit 回归、BETA 回归等传统回归方法,使用 Fractional Logit 方法来解决这个问题,期望得到有效的、无偏的、一致的估计。Fractional Logit 模型不仅可以处理企业技术创新绩效在[0,1]区间内的一般情况,而且可以处理企业技术创新绩效在[0,1]区间端交点的特殊情况。

## 第四节　指标描述与初步分析

### 一、描述性统计结果

为了初步了解所有变量的情况,本书进行各变量描述性统计,具体结果见表5-3。

表5-3　各变量描述性统计结果

| 变量　＼　模型 | 平均值 | 标准差 | 最小值 | 最大值 |
|---|---|---|---|---|
| 技术引进 | 0.1478 | 0.3549 | 0.0000 | 1.0000 |
| 合作研发 | 0.0714 | 0.2575 | 0.0000 | 1.0000 |
| 流程创新 | 0.3812 | 0.4858 | 0.0000 | 1.0000 |
| 产品创新 | 0.3211 | 0.4670 | 0.0000 | 1.0000 |
| 新产品销售率 | 0.1113 | 0.1819 | 0.0000 | 1.0000 |
| 营商环境改善 | 8.6877 | 5.9064 | 0.0000 | 53.0000 |
| 城市行政级别 | 0.5421 | 0.4983 | 0.0000 | 1.0000 |
| 交互项 | 4.5421 | 5.9426 | 0.0000 | 44.0000 |
| 出口比例 | 0.1079 | 0.2462 | 0.0000 | 1.0000 |

| 变量 ＼ 模型 | 平均值 | 标准差 | 最小值 | 最大值 |
|---|---|---|---|---|
| 企业年龄 | 12.7520 | 9.0454 | 0.0000 | 133.0000 |
| 信息化 | 0.1592 | 0.0843 | 0.0000 | 0.5500 |
| 企业规模 | 4.2111 | 1.3778 | 1.7917 | 10.8198 |
| 电子商务 | 0.8682 | 0.3383 | 0.0000 | 1.0000 |
| 质量认证 | 0.6171 | 0.4862 | 0.0000 | 1.0000 |

## 二、不同类型企业在营商环境改善的平均值

表5-4列举了总指标和分指标的平均值。从表5-4可以看出,在营商环境分指标层面,无论对于哪种类型的企业,进行技术创新的企业在四个营商环境分指标上的评分均高于未进行技术创新企业,并且这种差异性具有较高程度的统计意义,说明技术创新企业对营商环境改善有更为强烈的依赖性,或者说企业需要有更优良的营商环境改善,才能激发技术创新激情,在一定程度上也说明营商环境改善与企业技术创新之间存在正向促进关系。部分学者发现,位于落后地区的企业如果当地营商环境不太理想将影响企业销售业绩和销售利润率的稳步提高(Thomas 等,2017)。他们建议,经济欠发达地区不断优化营商环境,有利于企业经营业绩大幅提高和地区经济快速发展。在营商环境总指标层面,进行技术引进、合作研发、流程创新和产品创新的企业在营商环境总指标上的评分均高于未进行技术引进、合作研发、流程创新和产品创新的企业,并且这种差异性具有较高程度的统计意义,进一步说明营商环境改善与企业技术创新之间存在正向促进关系。

表5-4　不同类型企业在营商环境改善的平均值比较

| 组别 | 分组 | 数量 | 基础设施 | 社会环境 | 要素市场 | 制度环境 | 营商环境 | 行政级别 |
|---|---|---|---|---|---|---|---|---|
| 1 | 技术引进企业 | 416 | 1.8317 | 2.4014 | 2.8029 | 2.8365 | 9.8726 | 0.6418 |
| | 未技术引进企业 | 2399 | 1.2175 | 2.2013 | 2.7536 | 2.3097 | 8.4823 | 0.5873 |
| | T检验值 | | −6.8644*** | −1.3657* | −0.3904 | −3.8855*** | −4.4469*** | −1.7411** |
| 2 | 合作研发企业 | 201 | 2.1741 | 2.8458 | 2.9502 | 3.9502 | 11.9204 | 0.4726 |
| | 未合作研发企业 | 2614 | 1.2418 | 2.1836 | 2.7464 | 2.2674 | 8.4392 | 0.6048 |
| | T检验值 | | −7.5750*** | −3.2842*** | −1.1734 | −9.1132*** | −8.1453*** | 3.0676 |
| 3 | 流程创新企业 | 1073 | 1.6347 | 2.3700 | 2.8518 | 2.8071 | 9.6636 | 0.5135 |
| | 未流程创新企业 | 1742 | 1.1073 | 2.1452 | 2.7049 | 2.1292 | 9.0867 | 0.6458 |
| | T检验值 | | −8.0921*** | −2.1002** | −1.5947* | −6.8815*** | −6.9370*** | 5.8158 |
| 4 | 产品创新企业 | 904 | 904 | 2.2898 | 2.8031 | 2.7423 | 9.4900 | 0.5564 |
| | 未产品创新企业 | 1911 | 1911 | 2.2030 | 2.7410 | 2.2198 | 8.3082 | 0.6138 |
| | T检验值 | | −7.5187*** | −0.7791 | −0.6482 | −5.0795*** | −4.9778*** | 2.4139 |

注:T为两类企业组间均值比较的t统计值,零假设为组间平均值相等。***、**、*分别表示T检验值在1%、5%、10%的显著性水平上拒绝零假设,以上结果用Sata12.0完成。

## 第五节　营商政策变化影响企业技术创新实证分析

### 一、模型估计与相关分析

表5-5为全样本的模型估计结果,显示解决异方差后各个变量的边际影响系数,其中,模型一是利用Probit模型来分析各个解释变量对企业技术创新(技术引进、合作研发、流程创新、产品创新)的影响,因变量均为0—1虚拟变量,而模型二是利用Fractional Probit模型分析各个解释变量对企业创新绩效(新产品

销售率)的影响,因变量取值区间为[0,1]。表 5-5 显示,营商环境改善在 1%的统计水平上显著地正向影响企业技术创新(创新模式、创新途径和创新绩效),具体来说,营商环境改善每提高 1%,企业技术引进、企业合作研发、企业流程创新、企业产品创新分别提高 0.75%、0.50%、1.46%和 0.82%,企业新产品销售额相应增加 2.97%。这些结果并没有随着城市行政级别、交互项、出口比例、企业年龄、信息化、企业规模、电子商务、质量认证等变量的逐步增加有所改变,具有较强的稳健性。

本章的结论与国内外部分成果保持一致。促进经济发展需要一种营商环境,在这种环境中,具有先进理念和创新思想的企业能够尽快办理手续开始运营,经营状况良好的企业能够不断扩大规模,开展技术创新活动,进行投资扩张(世界银行,2017)。在国际贸易中,贸易双方所在地的契约环境和贸易产品的契约特征是影响贸易关系的重要因素(张龑和孙浦阳,2016),营商环境改善对于企业出口强度具有显著的正向影响,良好的营商环境将会支持企业扩大出口,不利的营商环境则会阻碍企业对外出口(张会清,2017)。同时,在新兴经济体中企业进行技术创新需要面对制度不确定性和后进入劣势,前者限制企业外部资源的可用性和可得性,后者限制企业内部资源的使用性和转换性。因此,企业进行技术创新需要更加优良的营商环境改善(Mark 和 Geerten,2013)。营商环境改善包括影响企业经营活动的政策要素、法律要素、社会要素、经济要素、生态要素、文化要素等。良好的营商环境改善不仅是彰显一个国家或地区经济综合实力的重要途径,也是一个国家或地区提高国际竞争力、影响力的重要方面。通过不断优化营商环境,能够帮助企业降低制度性交易成本,减少经济政策变化,强化企业知识产权,促进创造保护运用,激发企业创新创业活力,提高企业技术创新水平和绩效。同时,本书的结论也为深化开展"放管服"改革创造宽松便利营商环境提供理论支撑。

表5-5　全样本的模型估计结果

| 自变量 ＼ 因变量 | 模型一 | | | | 模型二 |
|---|---|---|---|---|---|
| | 技术引进 | 合作研发 | 流程创新 | 产品创新 | 创新绩效 |
| 营商环境改善 | 0.0075***<br>(4.89) | 0.0050***<br>(6.72) | 0.0146***<br>(9.24) | 0.0082***<br>(5.47) | 0.0297***<br>(4.93) |
| 城市行政级别 | 0.0370***<br>(6.89) | — | — | — | 0.0197***<br>(3.07) |
| 交互项 | — | -0.0020***<br>(-2.97) | -0.0090***<br>(-6.23) | -0.0061***<br>(-4.58) | — |
| 出口比例 | — | 0.0207<br>(1.41) | 0.1537***<br>(4.40) | 0.1780***<br>(5.79) | — |
| 企业年龄 | — | -0.0003***<br>(-0.71) | — | — | — |
| 信息化 | — | 0.1697***<br>(8.28) | — | 0.5404***<br>(12.23) | — |
| 企业规模 | — | 0.0185***<br>(5.00) | — | 0.0449***<br>(7.24) | — |
| 电子商务 | — | — | 0.0531***<br>(8.17) | 0.1333***<br>(4.71) | — |
| 质量认证 | — | — | 0.1866***<br>(10.13) | 0.1469***<br>(8.19) | — |
| 地区特征 | Yes | No | No | No | No |
| 行业特征 | No | No | No | No | No |
| $R^2$ | 0.0322 | 0.2410 | 0.1151 | 0.1406 | — |
| N | 1719 | 2815 | 2815 | 2815 | 2815 |

注:(1)估计系数为所有解释变量的平均边际效应(dy/dx);(2) ***、**、* 分别表示在1%、5%、10%的水平上显著;(3)括号内数字是T统计量。

本章发现,城市行政级别在1%的统计水平上显著地正向影响企业技术创新。具体来说,城市行政级别提高1%,企业技术引进水平提高 3.70%,企业新产品销售额相应增加 1.97%。这些结果与国内外已有成果保持一致。"中国式"制度的显著特征是各级政府掌握和控制着各种资源配置,利用政治和经济地位力量帮助扶持与其有紧密关联的企业(Song,2014),而且,与政府有紧密关联的企业更有可能获得关税减免和执行有选择性的非关税壁垒(Rijkers 等,2015;Diwan 等,2015),所以,城市行政级别可能是比地理区位、基础设施、投资激励、人才引进、创业环境、教育环境等这些传统意义上导致城市集聚的因素之外更为重要的因素(江艇等,2018)。本章认为,城市行政级别对企业的技术创新有激励效应、成本效应和反馈效应。相对于一般的地级城市来说,较高级别的城市主要负责领导具有更强的晋升激励,一方面所在城市享有一般地级城市所不具备的经济社会管理权限,更有可能在目前的职位上作出显著的政治业绩;另一方面较高级别的城市主要负责领导具有更强的资源配置权、财政支配权、人事安排权、经济自主权和决策权等,在基础设施、法律法规、财产保障、资金融汇等方面为企业技术创新创造更加便捷的外部环境。同时,较高级别的城市更容易接触国家部委和省级政府部门,在区域发展、投资立项、项目申报、税收优惠等方面可以帮助企业降低技术创新成本,增加企业对资金、技术、高层次人才等高端要素的吸引力。另外,级别较高的城市在国家区域发展过程中被中央政府赋予更加重要的使命,必将成为带动所在区域快速发展的重要支撑点,这些政策安排和合理预期降低企业经营的宏观政策变化,对企业技术创新产生正向反馈作用。江艇等(2018)认为,城市行政级别与价格一样,都是资源配置的一种手段。尤其是对于中国这样一个市场经济发展不充分,体制机制还不完善的转型国家来说,城市通过其自身的行政级别调配各种生产要素,成为市场机制的有益补充。

本章还发现,营商环境改善与城市行政级别的交互项在1%的统计水平上显著地负向影响企业技术创新。具体来说,两者的交互项提高1%,企业合作研发、企业流程创新、企业产品创新分别降低0.20%、0.90%、0.61%。具体来说,随着城市行政级别的不断提高,营商环境改善对企业技术创新的影响不断降低。城市的价值在于能够提供更加优质的创新要素、更加便利的基础设施和更加高效的生产效率。中国城市的发展过程并不完全遵照城市发展规律,而是在一定程度上受到高层意志和行政权力的长期影响。当城市行政级别提高后,城市所获得的国家战略支持、基础设施投资、收支优惠政策等能够得到更加便利,因为这些都是从中央到地方再到基层、从高级别城市到中等级别城市再到一般级别城市,各种生产要素迅速在城市聚集,生产成本不断降低,营商环境改善对企业技术创新产生正向促进作用。不过,当城市行政级别提高带来的副作用逐步显现,城市交通拥堵、社会治安堪忧、生态环境恶化、生活成本加大时,营商环境改善对企业技术创新产生负向抑制作用。另外,提高城市行政级别,有可能带来城市行政权力扭曲,对周边城市产生"虹吸效应",进一步加剧城市内部资源的错配程度。

另外,本章还发现,出口比例、信息化、企业规模、电子商务、质量认证分别在1%的统计水平上显著地正向促进企业技术创新,而企业年龄则在1%的统计水平上显著地负向影响企业技术创新。这些结论与国内外已有成果保持一致。国内外许多成果支持本章的这一观点,认为企业信息化水平显著正向影响企业技术创新,内在机制是研发信息化、生产信息化、管理信息化等,同时,企业信息化水平还影响着过程管理创新、过程技术创新和过程装备创新(Kexin 等,2013)。

## 二、稳健性检验

为了检验回归结果是否稳健,本章从细化关键指标、设置工具变量和利用组内平均值三个方面进行稳健性检验。

### (一)细化关键指标

根据营商环境改善评价指标体系,本章分别从基础设施、社会环境、要素市场和制度环境四个方面进一步细化营商环境改善,并进行 Probit 回归,具体结果见表5-6。

表5-6　Probit 估计结果分析

| 自变量＼因变量 | 技术引进 | 合作研发 | 流程创新 | 产品创新 |
|---|---|---|---|---|
| 基础设施 | 0.1023***<br>(5.92) | — | — | — |
| 社会环境 | — | 0.0540***<br>(3.09) | — | — |
| 要素市场 | — | — | 0.0304**<br>(2.08) | — |
| 制度环境 | — | — | — | 0.0845***<br>(6.38) |
| 城市行政级别 | 0.1551**<br>(2.39) | 0.3076***<br>(3.29) | 0.2967***<br>(4.02) | 0.0823 |
| 交互项 | — | −0.0167 | −0.0166 | −0.0745***<br>(−4.39) |
| 出口比例 | 0.7814***<br>(7.08) | 0.4040***<br>(2.98) | 0.5250***<br>(5.25) | 0.5904***<br>(5.84) |

续表

| 自变量＼因变量 | 技术引进 | 合作研发 | 流程创新 | 产品创新 |
|---|---|---|---|---|
| 企业年龄 | -0.0082 **<br>(-2.14) | -0.0052 | -0.0037 | -0.0058 **<br>(-1.96) |
| 企业规模 | 0.1953 ***<br>(7.85) | 0.1888 ***<br>(6.56) | 0.1642 ***<br>(8.04) | 0.1544 ***<br>(7.43) |
| 电子商务 | 0.5111 ***<br>(3.66) | 0.1639 | 0.4646 ***<br>(5.44) | 0.4748 ***<br>(5.22) |
| 质量认证 | 0.6469 ***<br>(7.95) | 0.2542 ***<br>(2.81) | 0.5419 ***<br>(9.50) | 0.4916 ***<br>(8.28) |
| 地区特征 | No | No | Yes | Yes |
| 行业特征 | No | No | No | No |
| 常数项 | -3.0612 ***<br>(-16.77) | -2.5567 ***<br>(-13.78) | -1.5352 ***<br>(-11.81) | -1.8982 ***<br>(-13.83) |
| $R^2$ | 0.1521 | 0.0865 | 0.1072 | 0.1033 |
| N | 2815 | 2815 | 2815 | 2815 |

注:(1) ***、**、* 分别表示在 1%、5%、10% 的水平上显著;(2)括号内数字是 T 统计量;(3)以上结果利用 Stata12.0 完成。

表5-6显示,基础设施、社会环境、要素市场和制度环境均在1%的统计水平上显著地正向影响企业技术创新,城市行政级别均在1%的统计水平上显著地正向影响企业技术创新,而营商环境改善与城市行政级别的交互项在1%的统计水平上显著地负向影响企业技术创新,说明本书的结论具有非常强的稳健性。张冀和孙浦阳(2016)认为,地理契约特征对贸易持续期存在着显著影响,贸易双方所在地的契约环境优势对贸易持续期有着显著的促进作用。部分学者还认为,优良的营商环境改善对企业有两个关键优势,即更好的合同法律环境和更好的外部融资渠道。因此,与政府保持密切关联关系的企业在合同密集型和外部融资依赖型行

业中拥有技术创新优势(Ding 等,2018)。

## (二)设置工具变量

为了进一步检验结果的稳健性,本书选择"你认为犯罪、偷盗和骚乱在多大程度上影响公司目前正常经营"(i30)作为营商环境改善的工具变量,"犯罪、偷盗和骚乱在多大程度上影响公司目前正常经营"(i30)显然与营商环境改善紧密相关,满足工具变量的相关性。另外,犯罪、偷盗和骚乱并不直接影响企业技术创新的决策,故满足工具变量的外生性。本章利用此工具变量进行两步法估计结果显示,对于营商环境改善外生性原假设的 Wald 检验结果表明,$p$ 值为 0.0959,故可在10%的统计水平上认为营商环境改善为内生变量。另外,第一步回归的结果显示,工具变量在 5%的统计水平上显著地正向影响营商环境改善,说明工具变量对营商环境改善具有较强的解释力。同时,回归结果显示,营商环境改善的工具变量在 5%的统计水平上显著地正向影响企业技术创新,城市行政级别在 5%的统计水平上显著地正向影响企业技术创新,说明本书的结论具有非常强的稳健性。部分学者发现,政治关联通过更加稳健的合同执行和外部融资渠道(营商环境改善)对中国私营企业的影响更加显著(Ding 等,2018)。部分成果认为,尽管两者之间的因果关系尚未确定,但不同级别的城市或者政府给企业带来的效率提升幅度是显著的并且异质的(Robert 等,2017)。

## (三)利用组内平均值

部分成果认为,企业技术创新可能通过"游说效应"

（Lobbyying Effect）和"挤占效应"（Congestion Effect）反向影响营商环境改善（Dollar 等，2006）。"游说效应"是指企业技术创新水平和绩效增长，提高企业地区或国际竞争力以及地区经济发展质量，促使企业形成联盟游说地方政府提高电力供应、通信条件、交通设施，减少社会腐败，维持司法公正和市场竞争，提高融资便利、土地可得性、税收监管、营业许可，加强劳动市场监管等，从而提高营商环境改善。"挤占效应"是指企业技术创新加重当地电力供应、通信条件和交通设施，透支融资便利、土地可得性、营业许可等政策红利或负担，导致地方营商环境不断恶化。为了进一步检验结果的稳健性，本章参考国内外已有成果的做法（Dollar 等，2006；Edwards 和 Balchin，2008），按城市行业—行业的维度对全部样本企业进行重新分组，利用组内关键解释变量的平均值来替代单个企业的指标值，进一步降低可能存在的内生性对回归结果的影响。结果发现，研究结论基本上保持一致，只不过营商环境改善指标的显著性略有下降，一方面有可能因为两者内生性并不是非常严重，另一方面有可能是两种反向效应相互抵消所致。总之，不断加强基础设施建设，优化社会环境和制度环境，推动要素市场供给侧结构性改革应当成为当地政府部门改善营商环境的主要方向。

### 三、进一步分析

利用 Probit 模型在行业层面、地区层面和所有制层面进行分样本检验，结果见表5-7。

表5-7 分行业、分地区和分所有制的估计结果分析

| 类型<br>变量 | 纺织业 | 非金属<br>矿产业 | 机动车与<br>汽车行业 | 东部 | 中西部 | 国有 | 非国有 |
|---|---|---|---|---|---|---|---|
| 营商环境改善 | 0.0481***<br>(2.8784) | 0.0732***<br>(3.1812) | 0.0650***<br>(2.4947) | 0.0279**<br>(2.1522) | 0.0539<br>(1.4276) | 0.0402***<br>(2.8572) | 0.0223***<br>(3.1034) |
| 城市行政级别 | 0.6565***<br>(2.7230) | 0.4053<br>(1.6129) | 0.5999***<br>(2.4818) | 0.9728***<br>(4.7136) | 0.1865<br>(0.3745) | 0.6160***<br>(3.8992) | 0.4070***<br>(3.7988) |
| 地区哑变量 | Yes | Yes | Yes | No | No | Yes | Yes |
| 行业哑变量 | No | No | No | Yes | Yes | No | No |
| $R^2$ | 0.1204 | 0.1576 | 0.1108 | 0.1447 | 0.1325 | 0.0719 | 0.0403 |
| N | 152 | 146 | 135 | 1875 | 940 | 147 | 2668 |

注:(1) ***、**、* 分别表示在1%、5%、10%的水平上显著;(2)括号内数字是T统计量;(3)以上结果利用Stata12.0完成。

表5-7显示,以纺织业、非金属矿产业和机动车与汽车行业为例,本章发现,在行业层面,营商环境改善和城市行政级别大多在1%的统计水平上显著地正向影响企业技术创新,说明本书的结论具有非常强的稳健性。在地区层面,东部营商环境改善和城市行政级别分别在5%和1%的统计水平上显著正向影响企业技术创新,而中西部地区则不太显著。在所有制层面,营商环境和城市行政级别分别在1%的统计水平上显著正向影响国有企业和非国有企业技术创新。不过,国有企业技术创新对营商环境改善和城市行政级别的依赖性比非国有企业要更高一些。

## 第六节 营商政策变化影响企业<br>技术创新机制分析

理论分析表明,营商环境改善影响企业技术创新的途径主要

有:第一,营商环境改善经由企业国际贸易变化对企业技术创新产生影响,即营商环境不断优化改善,企业进出口比例不断增加,通过"出口中学习",吸收国内外先进技术,增加产品或服务技术含量,提高企业技术创新水平。第二,营商环境改善通过影响工人受教育程度,进而影响企业技术创新水平和绩效。以下对两种影响途径分别进行检验。

### 一、营商环境改善对不同企业国际贸易的影响

为了检验营商环境改善影响不同企业国际贸易这一机制,本章选择"2011年企业销售额中出口比例"(d3a、d3b、d3c)作为衡量企业国际贸易的变量,同时,本章还选取基础设施、社会环境、要素市场和制度环境作为衡量营商环境改善的替代变量,用于检验营商环境改善对不同企业国际贸易的影响。由于2011年企业销售额中出口比例在[0,1]区间,有部分企业销售额中出口比例是端点值,因此采用常用的Probit模型无法处理区间端点值的特殊情况。本书使用Fractional Logit方法来解决这个问题,希望得到有效的无偏的一致的估计,具体结果见表5-8。

表5-8　营商环境改善对不同企业国际贸易的影响估计

| 变量 | (1) | (2) | (3) | (4) | (5) | (6) |
|---|---|---|---|---|---|---|
| 营商环境改善 | 0.0212*<br>(1.66) | 0.0185*<br>(1.66) | — | — | — | — |
| 基础设施 | — | — | 0.0153<br>(0.11) | — | — | — |
| 社会环境 | — | — | — | 0.0293*<br>(1.86) | — | — |
| 要素市场 | — | — | — | — | 0.0152<br>(0.78) | — |

续表

| 变量 | （1） | （2） | （3） | （4） | （5） | （6） |
|------|------|------|------|------|------|------|
| 制度环境 | — | — | — | — | — | 0.0215<br>（1.03） |
| 控制变量 | yes | yes | yes | yes | yes | yes |
| 地区固定效应 | no | yes | yes | yes | yes | yes |
| 行业固定效应 | yes | yes | yes | yes | yes | yes |
| 样本数量 | 2806 | 2807 | 2808 | 2808 | 2808 | 2808 |

注：（1）***、**、*分别表示在1%、5%、10%的水平上显著；（2）括号内数字是T统计量；（3）以上结果利用Stata15.0完成，限于篇幅，控制变量的系数估计结果没有汇报。

从表5-8可以看出，在总体层面上，营商环境改善在10%的统计水平上显著地正向影响企业出口比例，这个结论在控制地区固定效应之后依然保持较强的稳健性。在个体层面，本章将营商环境改善细分为基础设施、社会环境、要素市场和制度环境，用于检验营商环境改善对不同企业国际贸易的影响，列（4）显示，除基础设施、要素市场和制度环境之外，社会环境在10%的统计水平上显著地正向影响企业出口比例。这一结论与张会清（2017）保持一致。张会清（2017）发现，营商环境体系中行政审批效率、融资便利程度等因素显著影响企业出口强度。

## 二、营商环境改善对不同个体受教育程度的影响

为了检验营商环境改善影响不同个体受教育程度这一机制，本章选择"企业正式工人中完成中学阶段的比例"（19b）作为衡量不同个体受教育程度的变量。同时，本章还选取基础设施、社会环境、要素市场和制度环境作为衡量营商环境改善的替代变量，用于检验营商环境改善对不同个体受教育程度的影响，具体结果见表5-9。

表 5-9  营商环境改善对个体受教育程度的影响估计

| 变量 | (1) | (2) | (3) | (4) | (5) | (6) |
|---|---|---|---|---|---|---|
| 营商环境改善 | 1.3046 *** (3.33) | 1.2827 *** (3.28) | — | — | — | — |
| 基础设施 | — | — | 0.2547 ** (2.26) | — | — | — |
| 社会环境 | — | — | — | 0.4225 ** (2.31) | — | — |
| 要素市场 | — | — | — | — | 0.3324 ** (2.11) | — |
| 制度环境 | — | — | — | — | — | 0.2769 (1.64) |
| 控制变量 | yes | yes | yes | yes | yes | yes |
| 地区固定效应 | no | yes | yes | yes | yes | yes |
| 行业固定效应 | yes | yes | yes | yes | yes | yes |
| 样本数量 | 2806 | 2805 | 2805 | 2806 | 2805 | 2805 |

注:(1) *** 、 ** 、 * 分别表示在 1%、5%、10% 的水平上显著;(2) 括号内数字是 T 统计量;(3) 以上结果利用 Stata15.0 完成。限于篇幅,控制变量的系数估计结果没有汇报。

从表 5-9 可以看出,在总体层面上,营商环境改善在 1% 的统计水平上显著正向影响工人受教育程度,这个结论在控制地区固定效应之后依然保持较强的稳健性。在个体层面,列(3)至列(5)显示,除了制度环境之外,基础设施、社会环境和要素市场均在 5% 的统计水平上显著地正向影响工人受教育程度。其背后的理论机理是随着营商环境不断改善,高层次人才不断涌入,为了应对日益激烈的市场竞争,个体相应调整自身教育决策,增加受教育参与度和受教育程度。随着工人教育程度不断增加,企业集聚越来越多的熟练工人和高层次技术人才,不同岗位不同环节不同工序之间相互交流相互学习,实现知识融合和知识创新,提高企业技术创新成功率和绩效水平。

# 第六章　政策变化对企业绿色
# 技术创新的影响

2016 年以来,世界范围内各类"黑天鹅"事件和"灰犀牛"事件持续频发,国际形势波诡云谲、扑朔迷离,我国企业面临的各种国内外政策变化不稳定性程度持续加深。因此,在政策变化情况下,如何严格管控能源消耗、显著提升企业绿色绩效是减轻我国资源环境"瓶颈"约束实现经济高质量发展的重点。

## 第一节　提出问题与创新之处

生态环境是人类赖以生存和发展的载体,也是关系国计民生的重大政治和社会问题。我国政府高度重视降低能源消耗和控制能源消费,积极提升企业绿色绩效水平。国家"十一五"规划把单位 GDP 能耗降低作为约束性指标,国家"十二五"规划又提出合理控制能源消费总量的要求,国家"十三五"时期实施能耗总量和强度"双控"行动,明确要求到 2020 年单位 GDP 能耗比 2015 年降低 15%,能源消费总量控制在 50 亿吨标准煤以内。与此同时,2000—2016 年我国工业能源消耗总量年均增长率为 6.69%,制造业能源消耗量占中国工业部门能源消耗量的比例平均达到82.8%(张三峰和魏下海,2019)。

## 一、提出问题

在绿色绩效层面,部分成果认为,企业绿色绩效是指企业在降低污染、浪费、能源消耗和提高顾客使用安全性方面取得的成绩(Zhu 和 Sarkis,2004),是经济效益、生态效益和社会效益的有机统一。政策变化会影响政府绿色管理体系,巴西能源政策的不断变化带来的对其低碳领导能力的挑战就是一个很好的例子(Horner 等,2016),但更多地会影响企业绿色实践,尤其是环境政策变化。一项新环境法规必定要与利益攸关者进行冗长而广泛的磋商之后才能得以通过并实施,而这一磋商过程往往会导致高度的复杂性,给企业带来相当大的压力和阻力(Sandhu 等,2018)。环境规划设计和体制的变化不仅影响企业参与环境计划的内部动机,还影响企业高层解读各种制度的方式(Liu 等,2018),企业在决定是否采取基本的或者能动的环境管理措施时,基于对监管者的行为和态度的判断比出于尊重法律的考虑更为重要。另一部分成果认为,政策变化带来的利益相关者挑战(如消费者、投资者、合作商、管理层等)也会影响绿色创新、绿色投资等绿色实践行为,因为利益相关者可以通过抵制、抗议等方式制约企业的不良行为(Murillo 等,2008),甚至相较于政府压力来说,来自利益相关者、行业协会的压力可能对企业绿色实践的作用更明显(Berrone 等,2013)。部分学者引入 Neste 石油生物燃料和 Energie 生物能源热电联产工厂两个案例分析发现影响生物能源应用变化时,经济政策和制度的不确定会降低公众对能源采用的可接受程度,进而影响企业对生物能源的采用(Kainiemi 等,2014)。部分成果利用 SD 模型模拟企业对补贴和税收优惠变化的反应,结果显示,在政策变化的情况下,实施减排计划的企业数量开始会增加,因为企业希望受益于低碳产品的开发,提高产品竞争力和提升企业社会形象,但受到消费市场的限制,最终实施减排的企业数量会维持在稳定水平上,不会持续上升(Zhao 等,2016)。还有部分成果基于 TISM 的综合 LGAMS 模型指出,政府政策和立法变化可能会影响企业对供应链外部因素的敏感度,进而影响企业高层管理人员对绿色倡议和精细制造的实施(Sindhwani 等,2019)。

通过以上文献可以看出,虽然国内外研究者对政策变化与企业绿色绩效开展了一定的研究,但已有文献也存在以下几个方面的问题:第一,样本选择问题。已有部分研究尝试从国家层面或区域层面探究政策变化的耗能效应问题,由于宏观数据是由微观企业数据加总而成,宏观加总数据可能存在测量偏差和变量遗漏,容易产生内生性,实证检验结果往往是有偏的。还有部分研究创新性地从微观层面探究政策变化的经济效应研究,不过很少涉及政策变化的耗能效应问题。第二,核心指标问题。已有研究大多从客观角度对政策变化进行测算。例如,Baker 等(2014)通过加权平均新闻指数、法条实效指数和预测差值指数构建美国、中国、日本、德国、俄罗斯、英国、欧盟及全球等世界主要国家级主要组织的经济政策变化指数。Huang 和 Luk(2020)选择《北京青年报》《广州日报》《解放日报》《人民日报(海外版)》《新闻晨报》《南方都市报》《新京报》《今晚报》《文汇报》和《羊城晚报》等中国内地十份报纸,编制一系列全新的中国经济政策变化指数。不过,根据异质性企业贸易理论,企业异质性是普遍存在的,在面临政策变化程度不断增加的情况下,即使同一地区同一行业的企业之间也会表现出显著的差异性。所以,本书认为,已有这些测算政策变化的方法不太合理,对企业异质性考虑不够。第三,内生性处理问题。少量研究涉及政策变化的耗能效应,不过由于没有合理处理内生性问题,双向因果现象较为普遍。第四,内在机制问题。已有研究很少涉及政策变化影响企业绿色绩效的内在机制问题。在绿色发展理念下,政策变化产生什么经济效应或通过什么内在机制影响企业能耗强度和绿色绩效,对于缓解我国资源环境瓶颈约束,具有非常重要的理论价值和现实意义。

## 二、创新之处

与既有文献的研究视角、研究内容和研究结论相比,本书在绿色发展理念下,旨在深入评估政策变化对企业绿色绩效的影响效应,其创新之处主要体现在以下几点:

第一,研究视角。本章从微观企业视角深入考察政策变化影响企业绿色绩效的文章,具有一定的学术价值。本章不仅从客观视角测算政策变化,而且还从主观视角衡量政策变化,尽可能全面系统综合地测算政策变化的耗能效应。相对于既有文献仅从某个视角进行测算来说,本章角度更加新颖,考虑更加全面。

第二,研究内容。本章在绿色发展理念下,更加深入全面系统地考察政策变化对企业绿色绩效的影响,不仅在总体样本层面进行基准回归分析,而且在替代核心解释变量、替换核心被解释变量、产品质量、企业规模、环境规制、所处区位、所有制等分样本层面进行稳健性检验,还较为深入地探究政策变化影响企业绿色绩效的经济效应和内在机制,具有较强的学术创新性。

第三,研究方法。本章在绿色发展理念下,首先利用规范分析法提出假说,其次利用传统计量方法进行总样本和分样本的回归结果分析,最后将政策变化对生产经营影响较轻的企业作为控制组,采用倾向得分匹配方法(PSM)进行估计,有效地克服传统计量回归中可能存在的样本选择偏差和异质性偏差问题。另外,本书采用工具变量法,较好地处理政策变化与企业绿色绩效之间可能存在的内生性问题。

## 第二节　理论分析与提出假说

政策变化是经济社会普遍存在的客观现象。作为一种普遍现象,政策变化不仅影响企业生产要素投入结构,而且抑制企业技术进步,延迟企业绿色技术研发投入,不断增加企业能源消耗强度,降低企业能源消耗效率,减缓企业转型升级实现绿色发展步伐,最终抑制企业绿色绩效水平稳步上升。

### 一、政策变化通过要素投入结构效应影响能源消耗强度

在企业生产经营中,政策变化通过影响传统要素和先进要素之间的结构比例,进而增加企业能源消耗强度,降低企业绿色绩效水平。一般来说,政策变化加大当地企业所面临的市场风险和倒闭风险,降低政府对市场提供隐性保护价值,导致投资者对政策变化要求更高的风险溢价和风险补偿(Pástor 和 Veronesi,2013;

Brogaard 和 Detzel，2015）。所以，在外界环境变化程度不断加剧的情况下，企业将会由先前激进型的经营理念策略逐步转为未来稳健性的经营理念策略，努力保持目前的技术水平、经营状况和赢利模式等不变，尽可能降低政策变化给企业带来的各种风险和负面影响。具体来说，在政策变化持续加剧的情况下，企业经营理念和投资策略趋向于稳健，企业最优的抉择是采取粗放式增长方式，为了保持或适度提高当前企业的经营利润、市场份额和发展空间，尽可能多地投入劳动、资本、能源等传统生产要素，依靠能源资源的高投入、高消耗、高排放、低产出来推动企业获得市场利润，而减少技术、理念、管理等先进生产要素的投入比例。

## 二、政策变化通过技术进步抑制效应影响绿色技术研发

在企业生产经营中，政策变化通过抑制企业技术进步，影响企业产品（服务）绿色技术含量，进而降低企业绿色技术研发水平和绩效。本章认为，政策变化产生企业技术进步抑制效应的内在机理是：技术创新不仅需要企业前期投入大量的资金和人力资本，而且这种投入不可收回。如果企业技术研发项目没有成功，企业需要承受较大的沉没成本，有可能造成企业较大的投资损失。所以，当政策变化不断提高时，企业需要在技术研发的稳健性和未来可能的收益性之间权衡利弊。在这种情况下，企业在作出研发投资决策时往往会更加谨慎和采取持币观望的态度，希望通过减少或者延迟研发投资尽可能降低政策变化带来的消极影响。一般来说，企业技术进步会受到政策变化的显著负面影响，其主要机理表现在两个方面：第一，技术研发投资具有复杂性、重大性、系统性和不可逆性。在政策变化情况下，企业采取延迟战略推迟绿色技术

研发将会增加等待期权价值。第二,在政策变化情况下,市场违约风险和股权风险溢价不断升高(Pástor 和 Veronesi,2013;Gilchrist等,2014),企业绿色技术研发的外部融资成本增加。

### 三、提出假说

根据以上分析,本章提出:

假说1:在其他条件不变情况下,企业面临的政策变化程度加深,会降低企业绿色绩效。

假说2:在企业生产经营过程中,企业面临的政策变化引致要素投入结构效应和技术进步抑制效应,最终降低企业绿色绩效水平。

## 第三节　数据来源、指标测算与模型建立

### 一、数据来源

本章使用的数据来源于世界银行中国企业微观数据库,主要原因是:一是指标翔实完备。该数据库包含本章所需要的政策变化对企业生产经营活动的影响程度和企业在土地和建筑物租赁、原材料、中间产品、机器设备、车辆购置等固定资产方面(K)的支出成本,工资、红利、社会保障等人力资源方面(L)的支出成本,燃料和电力等能源消耗方面(E)的支出成本以及当年的销售收入(S)等重要解释变量和被解释变量,还包括工人工资、企业规模、企业生产率、环境规制、产品质量、国外原材料进口比例、非正规竞争、数字化技术、融资约束、政商关系、国外技术授权、人力资本等

重要控制变量,各类指标比较翔实完备。二是指标测算合理。已有研究大多利用地方官员更替、外部政策变化和编制政策变化指数等方法从客观视角衡量政策变化对企业生产经营活动的影响,忽视不同企业对政策变化的主观感知。例如,部分学者发现,跨国公司在面临政策变化不断加大的情况下可能更倾向于推迟投资(Julio 和 Yook,2012),不过,其他学者利用投资组合理论解释政策变化促进跨国并购活动增加的原因(Cao 等,2019)。他们认为,当企业面临的政策变化不断增加时,通过不断加大跨国并购活动可以分散企业承受的政策变化风险,同时可以增加企业收入来源的多样性多元化,这些结论得到实证结果的支持。我国学者郭平(2016)也发现,政策变化显著增加企业研发的二元边际,即总体表现出"抢占效应"。由于已有研究假设所有政策变化对所有企业的影响是同质的,没有考虑不同企业对政策变化的主观感知,所以得到的结论可能是偏误失真,由此产生的政策建议可能存在偏误风险。本书充分考虑不同企业对政策变化的主观感受,既从主观角度利用调查问卷中"您认为政策变化对企业生产和经营活动的影响程度"测算政策变化对不同企业的影响异质性,又从客观角度利用 2001—2005 年、2001—2006 年、2001—2008 年、2001—2009 年、2001—2010 年、2006—2010 年六个时间段企业所在城市主要官员年均更替次数衡量政策变化对企业生产经营活动的影响。

## 二、变量选取与描述性统计

### (一)变量选取

被解释变量是企业绿色绩效(EBP)。在世界银行调查问卷中,报告了部分企业 2011 年在土地和建筑物租赁、原材料、中间产品、机器设备、车辆购置等固定资产方面(K)的支出成本,工资、红利、社会保障等人力资源方面(L)的支出成本,燃料和电力等能源消耗方面(E)的支出成本以及当年的销售收入(S)等重要指标。本章借鉴国内外学者的有关做法(Bloom 等,2010),采用企业销售收入(S)减去固定资产方面的支出成本(K)、人力资源方面(L)的支出成本、能源消耗方面(E)的支出成本后的部分,占企业销售收入的百分比进行衡量,即 EBP = [1-(固定资产成本 K+人力资源成本 L+能源消耗成本 E)]/销售收入 S×100%。另外,本章利用销售收入(S)减去固定资产方面的支出成本(K)、人力资源方面(L)的支出成本、能源消耗方面(E)的支出成本后的部分的自然对数来衡量企业绿色绩效,进行稳健性检验,即 EBP = ln[销售收入 S-(固定资产成本 K+人力资源成本 L+能源消耗成本 E)]。

主要解释变量是环保政策变化(EPU)。在世界银行中国企业调查问卷中,报告政策变化对企业生产和经营活动的影响程度问题。与已有关于政策变化的衡量与测算相比(Baker 等,2016;Huang 和 Luk,2020),这个问题主要是从企业自身角度出发,更加真实、客观和准确地测算了政策变化对企业生产与经营活动的影响范围和程度。根据异质性企业贸易理论,企业是异质性的,可能是风险偏好型、风险规避型和风险中性型。所以在面对外界变化的共同环境时,每个企业作出的选择是不同的。所以,已有成果利用外界客观存在的政策变化指标衡量企业对政策变化的反映,可能存在测算误差。在调查问卷中,企业回答这个问题的选项分别为"没有影响""轻度影响""适度影响""严重影响""非常严重影响",本章按照顺序依次赋值为 1、2、3、4、5,数值越大意味着政策变化在企业生产与经营过程中影响的范围越广泛、作用越重要。

其他影响企业绿色绩效的控制变量。企业成立年限(age)。利用 age = 2012 − 成立年份来计算企业成立年限。企业生产率(productivity)利用当年销售额与企业员工数量的自然对数来衡量企业生产率。企业规模(size)。利用当年企业销售额的自然对数来测算企业规模。产品质量(quality)。一般来说,企业产品质量越高则越有可能降低能源消耗,提高企业绿色绩效。在调查问卷中,有关于当前企业是否通过国际质量资格认证(ISO 9000 或 ISO 14000 或 HACCP)问题,如果回答"是",则产品质量赋值为 1,否则产品质量赋值为 0。环境规制强度(ers)。沈坤荣等(2017)采用加权线性和法(Linear Weighted Sum Method),基于二氧化硫去除率、工业烟(粉)尘去除率两个单项指标,构建 2004—2013 年中国 285 个地级及以上城市的环境规制强度数据库。本章采用该数据库中 2011 年相关城市环境规制指标。这种测算方式的好处在于将以往对环境规制强度的测算由行业层面拓展到地区层面,从而使环境规制强度对企业绿色绩效指标的影响在不同地区之间具有可比性,同时根据重要指标将不同数据库进行合理匹配,这有助于降低或消除关键指标在测算过程中有可能产生的系统性误差问题,确保环境规制政策的相对独立性。原材料国外进口(material)。本章利用调查问卷中,原材料国外进口比例来衡量。非正规竞争(competition)。在调查问卷中,有关于非正规部门竞争对企业运行造成的障碍,对应于"没有""微弱""适度""严重""非常严重"五个选项,本章依次赋值为 0、1、2、3、4。变量赋值越大,说明非正规竞争对企业正常经营影响越明显。数字化技术(dt)。本章采用目前信息与通信技术(电脑、互联网和软件)对企业生产与经营活动的应用程度度量。在调查问卷中,相应的选项分别为"从来没有""很少使用(偶尔)""有时使用(一月有几次)""经常使用(一周有几次)""一直使用(每天)",本书按照顺序依次赋值为1、2、3、4、5,数值越大意味着数字技术在企业生产经营过程中应用越广泛。融资约束(finance)。本章采用融资约束对企业生产与经营活动的影响程度度量。在调查问卷中,相应的选项分别为"没有影响""轻微影响""适度影响""重要影响""非常重要影响",本章按照顺序依次赋值为1、2、3、4、5,数值越大意味着融资约束对企业生产经营过程影响越大。政企关系(relationship)。本章采用过去三年政府部门视察企业或者与企业会面的次数度量。一般来说,视察或会面次数越多,说明政企关系越紧密。国外技术授权(lic)。一般来说,企业采用国外授权的先进技术将会显著降低企业能耗,提高企业绿色转型绩效。在调查问卷中,有关于企业是否使用除办公用品之外的国外技术授权问题,如回答"是",国外技术授权赋值为1,否则国外技术授权赋值为0。人力资本(human)。企业员工受教育水平越高,人力资本越丰富,先进技术越有可能被企业吸收和融入产品(服务)生产过程中,企业绿色转型绩效越显著。在调查问卷中,有关于受教育员工缺乏对企业生产经营的影响程度问题,相应的选项分别为"没有影响""轻微影响""适度影响""重要影响""非常重要影响",本书按照顺序依次赋值为0、1、2、3、4,数值越大意味着人力资本对企业生产经营过程影响越显著。

此外,本书还控制企业所在地区的虚拟变量(area,以东部地区为参照组)、所在行业的虚拟变量(industry,以服务业为参照组)、所有制的虚拟变量(own,以国有企业为参照组)。地区虚拟变量可以捕捉到一些区域因素（如地理因素、交通因素的影响），行业虚拟变量可以得到一些产业因素（如技术因素、政策因素），所有制虚拟变量可以控制一些制度因素（如体制因素、机制因素）。

## （二）描述性统计

为了检验企业数据质量和变量的基本情况，本章首先进行各变量描述性统计，具体结果见表6-1。

表6-1　主要变量描述性统计

| 变量 | | | 平均值 | 标准差 | 最小值 | 最大值 |
|---|---|---|---|---|---|---|
| 被解释变量 | 企业绿色绩效（比例） | EBP1 | 0.5582 | 0.2762 | 0.0105 | 0.9996 |
| | 企业绿色绩效（决策） | EBP2 | 0.5491 | 0.4977 | 0.0000 | 1.0000 |
| | 企业绿色绩效（数量） | EBP3 | 16.0816 | 1.8876 | 10.1266 | 23.7180 |
| 解释变量 | 政策变化（程度） | PU1 | 0.2486 | 0.5457 | 0.0000 | 4.0000 |
| | 政策变化（决策） | PU2 | 0.0060 | 0.0774 | 0.0000 | 1.0000 |
| 控制变量 | 工人工资 | lgage | 2.5645 | 0.9692 | 0.0000 | 7.6113 |
| | 企业规模 | lnsize | 4.2991 | 1.3258 | 1.6094 | 10.8198 |
| | 企业生产率 | productivity | 12.5481 | 1.1286 | 9.2357 | 19.5193 |
| | 环境规制 | ers | −1.1302 | 1.2611 | −4.9137 | 1.0491 |
| | 产品质量 | quality | 0.6093 | 0.4881 | 0.0000 | 1.0000 |
| | 国外原材料进口比例 | material | 2.2131 | 9.9700 | 0.0000 | 100.0000 |
| | 非正规竞争 | competition | 0.8218 | 0.8378 | 0.0000 | 4.0000 |
| | 数字化技术 | dt | 3.3823 | 1.4274 | 1.0000 | 5.0000 |
| | 融资约束 | finance | 0.9043 | 0.8950 | 0.0000 | 4.0000 |
| | 政商关系 | relationship | 2.4684 | 1.6714 | 0.0000 | 30.0000 |
| | 国外技术授权 | lic | 0.1499 | 0.3571 | 0.0000 | 1.0000 |
| | 人力资本 | human | 0.8061 | 0.8451 | 0.0000 | 4.0000 |

### 三、构建模型

借鉴已有关于政策变化与企业绿色绩效的研究文献,本章建立以下回归模型:

$$EBP_{ijc} = \alpha + \beta\, PU_{ijc} + X_{ijc}^t + \varepsilon_{ijc} \qquad (6\text{-}1)$$

在模型(6-1)中,$EBP_{ijc}$ 表示 $c$ 城市 $j$ 产业 $i$ 企业的绿色绩效相对程度,为进一步分析政策变化是否影响以及如何影响企业绿色绩效,本书在稳健性检验中也对企业绿色绩效绝对程度进行检验。$PU_{ijc}$ 表示政策变化对 $c$ 城市 $j$ 产业 $i$ 企业生产与经营活动的影响程度。$X_{ijc}^t$ 表示回归模型中可能影响企业绿色绩效相对程度的其他控制变量,$\varepsilon_{ijc}$ 是随机误差项。本章借鉴张三峰和魏下海(2019)的做法,将标准误聚类在企业 4 位代码的产品层面上纠正异方差,因为不同企业在生产和出售相同代码的产品时,其所面对的政策变化是相同的或近似相同的,那么在这一层面聚类就有助于解决随机扰动项之间存在的相关性问题。在模型(6-1)中,$\beta$ 是我们非常关注的系数。如果 $\beta$ 在统计上显著为正,则说明不断增加政策变化将有助于提高企业绿色绩效;如果 $\beta$ 在统计上显著为负,则说明不断降低政策变化将有助于提高企业绿色绩效;如果 $\beta$ 在统计上不显著,则说明政策变化与企业绿色绩效之间不存在任何因果关系。

## 第四节　实证分析与稳健性检验

### 一、政策变化与企业绿色绩效:基准回归结果

基准回归结果呈现在表 6-2 中。列(1)是企业在生产经营中

是否感受到政策变化与企业绿色绩效之间关系的检验结果。结果表明,在其他条件不变情况下,相对于不受政策变化影响的企业来说,政策变化会显著降低企业绿色绩效。

表6-2　政策变化影响企业绿色绩效的基准回归

| 指标＼方法 | (1)OLS | (2)OLS | (3)OLS | (4)OLS | (5)Logit | (6)Logit |
|---|---|---|---|---|---|---|
| $PU_{0-1}$ | -0.0407** (0.0533) | | | | | |
| PU | | -0.0081** (0.0083) | -0.0193*** (0.0122) | -0.0218** (0.0123) | -0.0367*** (0.0233) | -0.0317** (0.0234) |
| 控制变量 | Yes | Yes | Yes | Yes | Yes | Yes |
| 行业 | Yes | Yes | Yes | Yes | Yes | Yes |
| 所有制 | Yes | Yes | Yes | No | No | Yes |
| 地区 | Yes | Yes | No | No | No | No |
| N | 1661 | 1661 | 1661 | 1661 | 1661 | 1661 |
| Adj-$R^2$ | 0.5431 | 0.5432 | 0.1886 | 0.1798 | — | — |

注:(1)括号内为企业层面的标准误;(2)*、**、*** 分别表示在10%、5%和1%的统计性水平上显著;(3)控制变量包括工人工资、企业规模、企业生产率、环境规制、产品质量等;(4)利用 Logit 进行回归时的系数是计算在样本均值处的边际效应;(5)限于篇幅,略去常数项,下同。

对政策变化程度与企业绿色绩效关系的检验呈现在表6-2中的列(2)—列(6)。从列(2)、列(3)、列(4)可以看出,无论是否控制行业、所有制和地区虚拟变量,政策变化程度与企业绿色绩效都存在负相关关系,并在5%水平上显著。本章的研究假说1得以基本证实。本章的基准回归结果与已有成果所得结果保持一致(Zhao 等,2016;Sindhwani 等,2019)。绿色发展理念下,政策变化不断增加之所以提高能源强度,降低企业绿色绩效,可能的解释是作为一种外部和内部约束,一方面,政策变化影响企业能源消耗强度。由于外部政策变化不断增加,企业通过引进先进技术、购买先进设备、进口节能材料等不同手段用于改造生产工艺、降低能源消耗、减少污染排放和提升产品质量的原始动力或预期收益将大打折扣,企业通过绿色技术实现产品绿色转型升级的难度将不断增加,很容易回到高投入、高耗能、高污染、高排放、低产出的老路,企业绿色转型发展深层次的根源性矛盾得不到真正彻底解决,最终就表现为政策变化程度提高,企业绿色绩效下降。已有成果发现,在政策变化的情况下,实施减排的企业数量会增加,因为企业希望受益于低碳产品的开发,提高产品竞争力和提升企业社会形象,但受到消费市场的限制,最终实施减排的企业数量会维持在稳定水平上,不会持续上升(Zhao 等,2016)。部分学者指出,政府政策和立法变化会影响企业对供应链外部因素的敏感度,进而影响企业高层管理人员对绿色倡议和精细制造的实施(Sindhwani 等,2019)。另一方面,政策变化影响企业未来的投资活动。由于绿色技术研发投入具有长期性、系统性、复杂性和不可逆性,当面临的政策变化不断增加时,企业需要在绿色技术研发的稳健性和未来可能的收益性之间权衡利弊。在这种情况下,企业绿色技术研发延迟投资的价值会随之增加,企业往往会采取继续观望或边等边看等策略,希望通过减少或者延迟绿色技术研发投资,尽可能降低政策变化带来的消极影响,只有等待政策明朗或者形势好转时才有可能继续增加绿色技术研发投资。那么,本书的这一结论意味着将政策变化渗透和融合到企业生产经营中,既增加企业能源消耗强度和降低企业能源效率,又延迟企业绿色技术研发投资,从而影响企业绿色转型升级顺利进行和绿色绩效水平的稳步提高。

由于企业绿色绩效变量存在删截特征,本书还选择 Logit 模型进行回归分析,结果呈现在表6-2列(5)、列(6)。结果显示,替换回归方法后,所得结论与使用 OLS 回归结果保持一致,无论是否控制行业、所有制和地区虚拟变量,政策变化程度与企业绿色绩效依然展现出存在负相关关系,本书的研究假说 1 得以证实,再次表明政策变化不仅影响企业能源消耗强度和能源消耗,而且还影响企业绿色技术研发和绿色转型升级,可能是制约我国企业绿色绩效水平快速提升的重要因素。

### 二、内生性问题处理

OLS 回归结果具有重要价值的前提是模型(6-1)中解释变量与随机扰动项之间不相关。不过,模型(6-1)可能存在内生性问题,即某些不可观察的变量既影响政策变化又影响企业绿色绩效,存在遗漏变量问题。本书尝试通过寻找工具变量方法缓解其中的内生性问题。具体而言,本书采用 2001—2005 年相关城市市委书记更替次数和市长更替次数之和的平均值,分别构建政策变化变量 PU,作为 2012 年企业生产经营活动中面临的政策变化的工具变量。本书规定,如果地市级主要负责人实际更替发生在 1 月 1日至 6 月 30 日,那么视为本年发生的官员变化,本年 PU 赋值为1,否则 PU 赋值为 0;如果发生在 7 月 1 日至 12 月 31 日,则视为未来一年发生的官员变化,未来一年 PU 赋值为 1,否则 PU 赋值为 0。采用 2001—2005 年城市层面的市委书记和市长更替次数平均值作为工具变量基于如下三点考虑:一是满足工具变量"相关性"的要求。企业所面临的政策变化往往与所在城市党政主要负责人变化保持紧密的内在联系,因为在转型时期的中国,行政审批、土地征用、贷款担保等各项政策均掌握在地方政府手中,地方政府及官员和政策连续性对经济发展和企业的投融资行为具有巨

大的影响(周黎安,2007;徐业坤等,2013)。二是满足工具变量
"外生性"的要求。由于 2001—2006 年城市层面的官员更替已经
发生,在很大程度上与当期的扰动项不相关,当期的企业绿色绩效
不可能影响 2001—2006 年所在城市的党政主要官员更替。三是
满足所需数据"可获取性"的要求。截至 2019 年,世界银行在中
国先后开展了 4 轮企业层面的调查,分别是 2001 年(5 个城市)、
2003 年(18 个城市)、2005 年(120 个城市)和 2012 年(25 个城
市)。2001 年和 2003 年两轮调查问卷中没有涉及企业面临政策
变化问题。2005 年调查问卷中虽然涉及相应问题,但是,由于没
有明确企业名称,难以与 2012 年企业调查数据库进行匹配。本书
分别采用两阶段最小二乘法(2SLS)和有限信息最大似然法
(LIML)对模型(6-1)进行估计,结果见表6-3。

表6-3　政策变化与企业绿色绩效关系的工具变量回归

| 指标＼方法 | （1）一阶段回归 | （2）二阶段回归 |
|---|---|---|
| PU | — | $-0.1134^{***}$<br>(0.0352) |
| *official* | $0.5891^{***}$<br>(0.0352) | — |
| 控制变量 | Yes | Yes |
| 行业 | No | Yes |
| 所有制 | Yes | Yes |
| 地区 | Yes | Yes |
| 弱工具变量检验 | | |
| Shea's Prtial F 统计量 | $36.1865^{***}$<br>[0.0000] | — |
| 最小特征值统计量 | $60.4032^{***}$<br>{19.93} | — |

续表

| 方法 指标 | (1) 一阶段回归 | (2) 二阶段回归 |
|---|---|---|
| N | 1661 | 1661 |
| Adj-R$^2$ | 0.0681 | 0.4923 |

注:(1)*、**、*** 分别表示在10%、5%和1%的水平上显著;(2)控制变量包括工人工资、企业规模、
企业生产率、环境规制、产品质量等,限于篇幅,略去常数项;(3)小括号内为企业层面的标准误;
(4)中括号内为Shea's Prtial F统计量的p值;(5)大括号内为"名义显著性水平"(nominal 2sls
size)为5%的沃尔德检验"真实显著性水平"10%的临界值。

正如表6-3所示,列(1)中的一阶段回归结果表明本书选择
工具变量与内生变量显著正相关,满足工具变量与内生变量相关
性假设。值得说明的是,虽然检验结果显示,Shea's Prtial R$^2$仅为
0.0681,但F统计量为36.1865(超过10),而且F统计量的p值为
0.0000,拒绝弱工具变量的原假设,本书有理由认为不存在弱工具
变量,所选取的工具变量是有效的。二阶段最小二乘法(2SLS)的
估计参数量虽是一致的,但是有偏的,可能带来显著性水平扭曲,
并且这种扭曲随着弱工具变量而不断增加(陈强,2014)。检验结
果显示,最小特征统计量为60.4032,大于真实2SLS显著性水平
为10%对应的临界值19.93。为了保证稳健性,本书利用对弱工
具变量更不敏感的有限信息最大似然法(LIML)进行估计。结果
显示,LIML估计系数与2SLS非常接近,这也从侧面印证"不存在
弱工具变量"。综上所述,本书有理由认为不存在弱工具变量。
列(2)中的二阶段回归结果则显示,政策变化变量的系数符号在
1%的统计性水平上显著为负,这与基准回归结果保持一致,本书
的研究假说1得以证实,再次表明在其他条件不变情况下,随着面
临的政策变化程度增加,企业能源消耗强度随之增加,能源消耗效

率逐渐降低,企业推迟绿色技术研发活动,企业绿色绩效水平则不断降低。

## 三、稳健性检验

### (一)替代核心解释变量

本书采用不同的前置时间区间内企业所在城市官员更替次数替代核心解释变量,结果汇报见表6-4。

表6-4　替代核心解释变量的稳健性检验

| 指标＼年份 | (1)<br>2001—2006 | (2)<br>2001—2007 | (3)<br>2001—2008 | (4)<br>2001—2009 | (5)<br>2001—2010 | (6)<br>2006—2010 |
|---|---|---|---|---|---|---|
| PU | −0.0780 ***<br>(0.0346) | −0.0446 ***<br>(0.0945) | −0.0204 **<br>(0.0975) | −0.0331 **<br>(0.0600) | −0.0316 **<br>(0.0820) | −0.0182 ***<br>(0.0946) |
| 控制变量 | Yes | Yes | Yes | Yes | Yes | Yes |
| 行业 | Yes | Yes | Yes | Yes | Yes | Yes |
| 所有制 | Yes | No | Yes | Yes | No | Yes |
| 地区 | Yes | No | No | Yes | No | Yes |
| N | 1661 | 1661 | 1661 | 1661 | 1661 | 1661 |
| Adj-R$^2$ | 0.5420 | 0.1617 | 0.1700 | 0.5407 | 0.1803 | 0.5406 |

注: ***、**、* 分别表示在1%、5%、10%的水平上显著。

这种度量方式的好处在于,一方面可以尽可能较为合理地处理政策变化与企业绿色绩效之间存在的内生性问题,另一方面可以尽可能较为合理地检验政策变化与企业绿色绩效之间关系的稳健性问题。回归结果汇报在表6-4列(1)中,结果显示,在其他条件不变情况下,地方官员更替次数与企业绿色绩效负相关,并且在1%水平上显著,这也说明,在其他条件不变情况下,地方官员更替次数越多越频繁,企业绿色技术研发投资越有可能采取延迟战略,企业能源消耗强度会不断增加,企业能源效率持续下降,企业绿色绩效水平很难获得显著提升。本书的研究假说 1 得以证实。表 6-4 列(2)—列(6)分别汇报 2001—2007 年、2001—2008 年、2001—2009 年、2001—2010 年和 2006—2010 年等其他时间区间的回归结果。结果显示,在其他条件不变情况下,地方官员更替次数与企业绿色绩效依然负相关,并且在 1% 和 5% 水平上显著,说明绿色发展理念下,政策变化与企业绿色绩效之间的负相关关系具有较强的稳健性。

### (二)考虑替换核心被解释变量

为了更加准确地考察政策变化对企业绿色绩效的影响,本书进一步将答案为"没有影响""轻度影响""适度影响"的政策变化指标赋值为 0,答案为"严重影响""非常严重影响"的政策变化指标赋值为 1。利用倾向得分匹配方法,更加深入检验环保政策变化是否以及如何影响企业绿色绩效。利用倾向得分匹配计算平均处理效应的一般步骤如下:选择协变量、选择 Logit 回归估计倾向得分、进行倾向得分匹配、计算平均处理效应 ATT、ATU 和 ATE。当前比较常用的倾向得分匹配方法有 k 近邻匹配、半径匹配、核匹配、局部线性回归匹配、样条匹配和马氏匹配等方法。结果见表 6-5。

表 6-5　替换核心被解释变量的稳健性检验

| 方法 \ 指标 | (1) k 近邻匹配 | (2) 半径匹配 | (3) 核匹配 | (4) 局部线性回归匹配 | (5) 样条匹配 | (6) 马氏匹配 |
|---|---|---|---|---|---|---|
| ATT | −0.0145** (0.1287) | −0.0242** (0.1287) | −0.0434** (0.1209) | −0.0576* (0.1587) | −0.0558** (0.1184) | −0.0251* (0.1137) |

注:***、**、*分别表示在 1%、5%、10% 的水平上显著。

从表6-5中可以看出,无论是 k 近邻匹配、半径匹配、核匹配,还是局部线性回归匹配、样条匹配、马氏匹配,企业面临的政策变化处理效应均是负的,表明在其他条件不变情况下,政策变化与企业绿色绩效显著负相关,并且在 10% 和 5% 水平上显著,本书的研究假说 1 继续得以证实。

由于在倾向得分匹配第一阶段本书使用 Logit 进行计量回归过程中存在模型设定的不确定性,由此可能造成匹配结果的偏误,同时,由于非精确匹配一般存在偏差(陈强,2014),部分学者提出通过回归的方法来估计偏差,得到偏差校正匹配估计量(Abadie 和 Imbens,2011)。同时可以通过在处理组或控制组内部进行二次匹配,从而得到在异方差条件下也成立的稳健性偏误。本章接受陈强(2014)的做法,通过有放回且允许并列的 k 近邻匹配,进行偏差校正匹配估计,努力减少因主观设定回归模型而造成的偏差。具体来说,本章首先进行一对四匹配来估计 ATT,不做偏差校正,但使用异方差稳健性标准误;其次重复以上命令,但进行偏差校正;最后以样本协方差矩阵的逆矩阵为权重矩阵,使用马氏距离进行匹配,具体结果见表6-6。

表6-6 偏差校正匹配估计结果

| 匹配方法<br>变量 | k 近邻匹配 | 偏差校正匹配 | 马氏匹配 |
|---|---|---|---|
| SATT | -0.0294 ***<br>(0.1007) | -0.0155 ***<br>(0.1007) | -0.0165 ***<br>(0.0932) |

注: *** 、** 、* 分别表示在1%、5%、10%的水平上显著。

如表6-6所示,在进行 k 近邻匹配过程中,权重矩阵是主对角线元素为各变量样本方差的对角矩阵的逆矩阵。本书使用异方差稳健标准误但不做偏差校正,ATT 的估计值是−0.0294,说明政策变化在 1% 的统计性水平显著阻碍企业绿色转型升级,降低企业绿色绩效水平。重复以上命令进行偏差校正匹配后,ATT 的估计值减少为−0.0155,再次说明政策变化在 1% 的统计性水平显著制约企业绿色升级,降低企业绿色绩效水平。以样本协方差矩阵的逆矩阵为权重矩阵,使用马氏距离进行匹配后,ATT 的估计值减少为−0.0165,充分说明在其他条件不变情况下,政策变化增加企业能源消耗,降低企业绿色绩效,本书的研究假说 1 继续得以证实。

### (三)考虑产品质量的影响

不同层次的产品质量要求对绿色技术、资源能源等需求程度也是不同的,那么在政策变化时,是否对不同产品质量的企业能源消耗有异质性的影响。为此,本书进一步将 2011 年中国企业调查数据细分为高产品质量和中低产品质量两种类型,其中,高产品质量定义为当前企业通过国际质量资格认证(ISO 9000 或 ISO 14000 或 HACCP);反之,则定义为中低产品质量的企业。回归结果呈现在表 6-7 列(1)和列(2)中。结果发现,对于产品质量要求高的企业来说,在其他条件不变情况下,政策变化与企业绿色绩效负相关,并且在 5% 水平上显著,本书的研究假说 1 继续得以证实。而对于产品质量要求较低的企业来说,政策变化与企业绿色绩效之间依然存在负相关关系,只不过结果不太显著。本书认为,可能的原因是,根据异质性企业贸易理论,产品质量更高的企业很大可能具备较强的规模实力、占据较大的市场份额等。所以,当政策发生变化时,企业面临的政治形势、经济形势、产业形势和市场形势等外部环境变得扑朔迷离、不可捉摸,为了尽可能降低政策变化带来的消极影响,企业一般都会采取继续观望或边等边看等策略,尽可能增加绿色技术研发延迟投资的期权价值。而对于产品质量较低的企业来说,由于没有太多绿色理念和绿色生产的约束,这些企业生产的目的仅仅是扩大生产规模和获取更多收益。所以政策变化对这些企业降低资源能源消耗和能源利用效率的影响不太显著。

表6-7　考虑产品质量、企业规模、环境规制的稳健性检验

| 分类<br>指标 | (1)<br>高产品质量 | (2)<br>中低<br>产品质量 | (3)<br>大规模 | (4)<br>中小规模 | (5)<br>高环境<br>规制 | (6)<br>中低<br>环境规制 |
|---|---|---|---|---|---|---|
| PU | −0.0101**<br>(0.1007) | −0.0156 | −0.0032**<br>(0.1007) | −0.0091*<br>(0.0127) | −0.0189**<br>(0.0122) | −0.0311*<br>(0.1224) |
| 控制变量 | Yes | Yes | Yes | Yes | Yes | Yes |
| 行业 | Yes | Yes | Yes | Yes | Yes | Yes |
| 所有制 | Yes | No | Yes | Yes | Yes | Yes |
| 地区 | Yes | No | Yes | Yes | Yes | Yes |
| N | 1012 | 649 | 857 | 804 | 1034 | 627 |
| Adj-R$^2$ | 0.3460 | 0.5749 | 0.2979 | 0.5815 | 0.5472 | 0.5462 |

注:***、**、*分别表示在1%、5%、10%的水平上显著。

### (四)考虑企业规模的影响

不同规模的企业有不同的能源资源需求。部分学者认为,伴随着企业规模扩大,规模经济将降低企业能源强度(Bloom 等,2010)。本书根据世界银行中国企业微观数据库,将超过平均销售额的企业界定为大型企业,否则界定为中小型企业,然后再分别进行回归,结果见表6-7列(3)和列(4)中。结果表明,无论是大型企业,还是中小型企业,企业面临的政策变化程度与企业绿色绩效显著负相关,这与表6-2中基准回归结果以及先前的稳健性检

验结果保持一致,本章的研究假说 1 继续得以证实。同时,本章发现,对于大型企业来说,政策变化程度的回归系数的绝对值小于中小型企业的回归系数的绝对值,不过前者没有后者更加显著,这表明面临的政策发生改变时,中小型企业更有可能加大资源能源消耗和废气废物废水排放,企业绿色绩效水平下降得更快。

### (五)考虑环境规制强度的影响

不同的环境规制强度对企业产生不同的能耗和环境约束。本书借鉴沈坤荣等(2017),把 2011 年中国企业调查数据细分为高环境规制强度和中低环境规制强度两种类型,其中,超过 2011 年平均环境规制强度的企业称为高环境规制强度企业;反之,称为中低环境规制强度企业,然后再分别进行回归,结果见表 6-7 列(5)和列(6)。结果表明,无论是高环境规制强度企业样本,还是中低环境规制强度企业,企业面临的政策变化程度与企业绿色绩效依然显著负相关,这与表 6-2 中基准回归结果以及先前的稳健性检验结果保持一致,本章的研究假说 1 继续得以证实。同时,本书发现,对于高环境规制强度企业来说,政策变化程度的回归系数的绝对值小于中小型企业的回归系数的绝对值,不过后者没有前者更加显著,这表明环境规制强度较弱的企业,在面临外部的政策变化时,企业更有可能采取继续等待的态度和延迟绿色技术研发的策略,不利于降低企业资源能源消耗和提升企业绿色绩效水平。

### (六)考虑企业所处区位的影响

企业所处区位有可能影响政策变化与企业绿色绩效之间的关系,因为在面临政策变化时,不同区位的企业应变能力是不同的。

本书把2011年中国企业调查数据细分为东部企业样本和中西部企业样本,然后再分别进行回归,结果见表6-8列(1)和列(2)。结果表明,无论是东部企业还是中西部企业,企业面临的政策变化程度与企业绿色绩效依然呈现显著负相关关系,这与表6-2中基准回归结果以及先前的稳健性检验结果保持一致,本章的研究假说1继续得以证实。同时,本书看到,中西部企业样本政策变化的回归系数的绝对值大于东部企业样本的回归系数的绝对值,尽管其显著性不如后者,本书认为可能的原因是,东部地区处于我国改革开放的前沿,享受各种政策优惠措施,同时企业绿色技术资金雄厚实力强大,所以较少受到政策变化的影响,同时,政策变化对企业绿色绩效的影响程度较轻,而中西部地区相对来说经济发展较慢,思想亟待进一步解放,各种政策优惠措施较少,企业绿色技术研发比例较低,因此,在面临政策变化时,很容易裹足不前或持币观望,延迟绿色技术研发投资,不利于企业绿色转型升级实现绿色发展。

表6-8  考虑所处区位、所有制的稳健性检验

| 分类\指标 | (1)东部 | (2)中西部 | (3)国有企业 | (4)民营企业 |
|---|---|---|---|---|
| PU | -0.0119** (0.0097) | -0.0167* (0.0174) | -0.1004 (0.1007) | -0.0073* (0.0085) |
| 控制变量 | Yes | Yes | Yes | Yes |
| 行业 | Yes | Yes | Yes | Yes |
| 所有制 | Yes | Yes | No | No |
| 地区 | No | No | Yes | Yes |
| N | 1212 | 449 | 78 | 1583 |
| Adj-R² | 0.5644 | 0.5038 | 0.5714 | 0.5566 |

注:***、**、*分别表示在1%、5%、10%的水平上显著。

### （七）考虑企业所有制的影响

不同所有制类型的企业对政策变化的主观感受和应对能力是不同的。这一部分检验政策变化与企业绿色绩效之间的负相关关系是否与企业所有制的影响。本书把2011年中国企业调查数据细分为国有企业样本和民营企业样本，然后再分别进行回归，结果见表6-8列（3）和列（4）。结果表明，国有企业的政策变化的回归系数绝对值尽管大于民营企业的政策变化的回归系数绝对值，本书认为可能的原因是，国有企业均为国有控股，凭借独特的政治地位、经济实力和社会影响等特质，国有企业面临的政策变化较小，所受到的环境约束较少，而民营企业对政策变化比较敏感，受到环境规制约束更严厉，企业转型升级绿色发展的意愿更加强烈、更加迫切。

### 四、行业异质性分析

已有研究表明，在不同的行业中，政策变化程度和企业绿色绩效都表现出显著的异质性。为此，本书进行行业异质性分析，具体结果见表6-9。

从生产率水平看，不同行业之间的企业生产率水平具有显著差异性。鲍莫尔—福克斯假说认为，服务业生产率水平要低于制造业生产率水平，服务业生产率增长率也比制造业生产率的增长率要低。这一部分检验政策变化与企业绿色绩效之间的关系是否受到企业生产率的影响，结果见表6-9列（1）和列（2）。结果表明，无论是生产率高的企业还是生产率中低的企业，企业面临的政策变化程度与企业绿色绩效依然呈现出显著负相关关系，这与表

6-2 中基准回归结果以及先前的稳健性检验结果保持一致。本书还发现,生产率较高企业的政策变化的回归系数绝对值显著小于生产率较低企业的政策变化的回归系数绝对值。也就是说,政策变化对生产率较高的企业实现绿色发展的影响更加微弱,而对于生产率较低的企业则影响比较显著。但无论是生产率较高的企业,还是生产率较低的企业,政策变化对企业绿色绩效的负面影响均比较显著,降低政策变化,帮助企业实现转型升级绿色发展非常迫切。

表 6-9 政策变化影响企业绿色绩效的行业异质性检验

| 分类<br>指标 | (1)<br>生产率较高 | (2)<br>生产率较低 | (3)<br>制造业 | (4)<br>服务业 |
|---|---|---|---|---|
| PU | $-0.0012^{**}$<br>(0.0135) | $-0.0077^{***}$<br>(0.0113) | $-0.0111^{*}$<br>(0.0118) | $-0.0052^{***}$<br>(0.0100) |
| 控制变量 | Yes | Yes | Yes | Yes |
| 行业 | Yes | Yes | No | No |
| 所有制 | Yes | Yes | Yes | Yes |
| 地区 | Yes | Yes | Yes | Yes |
| N | 744 | 74917 | 1077 | 584 |
| Adj-R$^2$ | 0.5101 | 0.4546 | 0.2620 | 0.4601 |

注:$^{***}$、$^{**}$、$^{*}$分别表示在 1%、5%、10% 的水平上显著。

从行业类型来看,不同行业对政策敏感性和能源需求度是不同的。所以,这一部分检验政策变化与企业绿色绩效之间的关系是否受到行业类型的影响,结果见表 6-9 列(3)和列(4)。结果表明,无论是制造业行业,还是服务业行业,企业面临的政策变化程度与企业绿色绩效依然呈现出显著负相关关系,这与表 6-2 中基准回归结果以及先前的稳健性检验结果保持一致。本书还发现,服务业政策变化对企业绿色绩效的影响程度要显著大于制造业,也就是说,政策变化程度增大时,服务业企业绿色绩效随之降低,服务业企业绿色转型升级实现绿色可持续发展的难度更大。余绪鹏(2016)发现,晋升锦标赛可能加剧资源要素错误配置和扭曲服务业投资—消费结构,官员变更所引发的政策变化对服务业可持续性增长有显著的抑制作用,从而引致服务业绿色转型难度增加,绿色发展不可持续。

## 第五节　政策变化影响企业绿色绩效的机制检验

政策变化通过什么途径或机制影响企业绿色绩效?这个问题涉及政策变化对企业绿色绩效影响的机制检验。本书认为,政策变化增加之所以降低企业绿色绩效,是由于政策变化产生生产要素结构效应和技术进步抑制效应。本书认为,这两种效应将分别通过增加能源消耗强度和延迟绿色技术研发而产生。本书将通过回归模型对上述两种影响机制进行检验。

### 一、能源消耗强度机制检验

在调查问卷中,既有企业 2011 年燃料和电力等能源消耗方面支出成本(E),又有企业当年销售收入(S)。为了保持研究的一致性,本书利用 2011 年企业燃料和电力等能源消耗方面的支出成本(E)占企业当年销售收入(S)的比例来测算本年度企业能源消耗强度(ECI)。能源消耗强度是指产出单位经济效益中所消耗的能源总量,是衡量一个企业能源利用效率的综合指标。能源消耗强度越大,说明企业能源效率越低;反之亦然,结果见表 6-10。

表 6-10　政策变化影响企业能源消耗的回归结果

| 模型<br>变量 | (1) | (2) | (3) | (4) |
|---|---|---|---|---|
| $PU_{0-1}$ | 0.0042 ***<br>(0.0031) | — | — | — |
| PU | — | 0.0032 ***<br>(0.0204) | 0.0040 ***<br>(0.0031) | 0.0040 ***<br>(0.0031) |
| 控制变量 | Yes | Yes | Yes | Yes |
| 行业 | Yes | Yes | Yes | Yes |
| 所有制 | Yes | Yes | Yes | No |
| 地区 | Yes | Yes | No | No |
| N | 1661 | 973 | 992 | 992 |
| Adj-$R^2$ | 0.5420 | 0.0837 | 0.0852 | 0.0861 |

注：***、**、* 分别表示在 1%、5%、10%的水平上显著。

　　表 6-10 列（1）是企业在生产经营中是否感受到政策变化与企业能源消耗之间关系的回归结果。结果表明，在其他条件不变情况下，相对于受政策变化影响较轻微的企业来说，政策变化会显著提高企业能源消耗强度，而表 6-10 列（2）、列（3）、列（4）是企业面临的政策变化与企业能源消耗强度之间关系的回归结果，结果显示，企业面临的政策变化越大，企业能源消耗强度越高，两者之间的正相关关系在 1%的统计水平上显著，与前文的分析结果保持一致，前文理论分析中本章的假设 2 得以验证。本书认为，这一结论可能的原因是，随着政策变化不断增加，企业经营理念和投资策略趋向于保守，更希望通过传统要素驱动而不是现代创新驱动实现规模扩张和经济利润，所以在生产经营过程中表现为投入更多的传统生产要素，减少技术、理念、信息、管理等先进生产要素，印证前文关于政策变化产生生产要素结构效应，提高企业能源消耗强度的合理性。

## 二、绿色技术研发机制检验

在调查问卷中,有关于企业绿色技术研发的相关问题。本书采用过去三年企业是否开展绿色研发活动度量企业绿色技术研发,如企业回答"是",则研发赋值为 1;否则研发赋值为 0。回归结果见表 6-11。

表 6-11　政策变化影响企业研发投资的回归结果

| 模型<br>变量 | （1） | （2） | （3） | （4） |
|---|---|---|---|---|
| $PU_{0-1}$ | −0.0369 ***<br>（0.8401） | −0.0424 ***<br>（0.1271） | — | — |
| PU | — | — | −0.0173 ***<br>（0.1272） | −0.0150 ***<br>（0.0316） |
| 控制变量 | Yes | Yes | Yes | Yes |
| 行业 | Yes | Yes | Yes | Yes |
| 所有制 | Yes | No | Yes | No |
| 地区 | Yes | No | Yes | No |
| N | 992 | 992 | 992 | 992 |

注: *** 、** 、* 分别表示在 1%、5%、10%的水平上显著。

表 6-11 列（1）和列（2）是企业在生产经营中是否感受到政策变化与企业绿色技术研发之间关系的回归结果。结果表明,在其他条件不变情况下,政策变化会显著降低企业绿色技术研发。具体来说,在其他条件不变情况下,政策变化程度每增加 1%,企业绿色技术研发下降 3.69%至 4.24%。而表 6-11 列（3）、列（4）是政策变化与企业绿色技术研发强度之间关系的回归结果,结果显示,企业面临的政策变化越大,企业绿色技术研发水平越低,两者之间关系在 1%的统计水平上显著为负,与前文的分析结果保持一致,前文理论分析中本章的假设 2 得以验证。本书认为,这一结

论可能的原因是,随着政策变化不断增加,企业将会在不断开拓市场抢占发展机遇与实行稳健经营降低外界风险之间抉择,并倾向于选择后者。同时,企业绿色技术研发具有显著的复杂性、长期性和重大战略性,其成败得失对企业长远发展及生死存亡具有重要战略性影响。在政策变化不断增加的情况下,企业很可能降低绿色技术研发支出,延迟绿色技术研发投资,尽可能降低或在一定程度上消除政策变化带来的消极影响,等待政策明朗或者形势好转时才有可能继续增加绿色技术研发投资,在很大程度上印证了前文关于政策变化产生技术进步抑制效应降低企业绿色技术研发的合理性。

# 第七章　政策变化对中国企业技术创新的影响

政策变化是否影响以及如何影响企业技术创新,是近些年国内外国际经济学界关注的前沿问题。本章在异质性企业假设下,深入分析政策变化影响企业技术创新的内在机理和作用机制,并探究城市行政级别对政策变化与企业技术创新内在关系的调节效应,所得到的结论在考虑内生性和处理效应后依然保持较强的稳健性,这些结论对于提高企业技术创新绩效、加快我国外贸高质量发展、加强国家创新体系建设具有重要的理论支撑和现实意义。

## 第一节　提出问题

一个国家或地区的制度安排和制度环境显著影响宏观经济状况和微观经济行为,因为合理的制度安排能够有效降低不确定性和交易成本(Coase,1960;North 和 Thomas,1973;North,1990)。不断形成和演进的有效产权制度,导致西方国家私人收益率逐步接近社会收益率,最终西方世界实现兴起(North 和 Thomas,1973;

North,1990）。以科斯、诺思、威廉姆斯等经济学家为代表的西方新制度经济学自诞生以来,以其对制度安排的独特分析和较强的解释能力逐步成为西方主流经济学的重要组成部分,引导越来越多的经济学者关注政治制度安排、政策变化、制度环境对经济决策的影响（Julio 和 Yook,2012）。尤其是自 2008 年国际金融危机爆发至今,世界经济一直陷入长期低迷、动力不足、增长乏力的状态,"英国脱欧"、美国和法国大选中民粹主义不断抬头等"黑天鹅"事件相继发生,恐怖主义此起彼伏,武装冲突频繁重现,全球地缘政治深度重构、世界经济波动持续加剧、全球范围极端天气等"黑犀牛"式危机层出不穷,全球政策变化持续加大和明显上升。在政策变化背景下,如何引导企业按照在全球价值链条上的分工环节进行技术创新和生产经营,在全球价值链升级与重构中获取生产效率提升、产品质量增强和价值链攀升等红利是国际经济学界的一项前沿课题,一直以来备受各国政策制定者和研究者的广泛关注。

## 第二节　已有研究的不足

正如第一章文献综述所言,已有研究从政策变化的内涵界定、测度衡量和经济效应等视角进行了较为详尽的研究,对于我们理解政策变化的内涵外延,从更多维度准确测算政策变化以及估算政策变化的经济效应等具有重要的理论价值和启示作用。不过,已有研究可能存在以下需要进一步改进之处:

## 一、样本选择问题

已有研究大多选择不同国家宏观数据或者上市公司微观数据来估算政策变化的经济效应问题。一方面,宏观数据是由微观企业数据加总而成,宏观加总数据可能存在测量偏差和变量遗漏,容易产生内生性,实证检验结果往往是有偏的。另一方面,选择上市公司微观数据非常容易出现样本选择性偏误和内生性问题,因为能够上市本身就表明这些企业经营规模较大、资金流动性较强、市场成长性较好、市场份额较高、应对和处理政策变化风险的能力较强。

## 二、指标测算问题

正如前文所述,已有研究主要选择利用政治领导人选举和更替、重大事件冲击和政策变化指数等测算衡量政策变化。利用政治领导人选举与更替哑变量和利用重大事件冲击均可以衡量选举年份或者重大事件发生年份的政策变化,但是无法准确衡量不是选举年份或者不是重大事件发生年份的政策变化。尽管部分成果利用选举激烈程度这种可量化的指标近似衡量政策变化,但是这种指标测算方法本身就很容易导致内生性问题的产生,因为可能存在地方经济发展缓慢,企业赢利空间狭小,研发投入和技术创新积极性不高。为了支持自己的政治代理人当选以便获取更大的发展空间和更高的赢利能力,当地选举可能超乎寻常地激烈(Jens,2017)。部分成果利用经济政策变化 EPU 近似衡量政策变化发现,在美国总统选举以及海湾战争、"9·11"恐怖袭击、2008 年金融危机等重大事件发生时,经济政策变化指数迅速上升,以此说明经济政策变化与经济政策变化之间存在高度的相关性,利用经济政策变化表征政策变化具有较强的合理性。本章认为,这种说法值得进一步商榷,因为造成政策变化的原因并不仅仅是政治因素,还有可能是经济因素、社会因素、文化因素、民族问题、意识形态问题等,利用政策变化替代政策变化进行回归分析,所得结论很可能高估政策变化的经济效应。

### 三、研究结论问题

以往研究成果过于注重企业对政策变化的客观感知,认为一个国家或者一个行业的所有企业承受政策变化的能力和程度是一致的,而忽略每个企业对政策变化以及政治风险的主观感受。事实上,不同企业对政策变化的主观感知与国家或行业对企业的客观判断之间存在较大差异,所以利用传统方法测算政策变化新的指标,无法精确揭示企业自身对政策变化和政治风险的感知程度,很有可能得到有偏的不太全面的结论,由此得到的政策建议很容易误导企业技术研发投入和技术创新绩效。同时,部分成果利用政治选举衡量政策变化,通过计量回归得到政策变化降低企业研发投入和技术创新绩效的结论,据此提出相应的政策建议。这种结论没有考虑选举周期问题,例如在一个选举周期前几年,当选的政治代理人为了回报选民的鼎力支持,往往会推出较为宽松的宏观经济政策,这些年份企业一般会增加研发投入和扩大投资规模,由于资本投入不可逆,有些投资取得收益往往需要几年或者更长时间,所以在很大程度上挤占企业在下一个政治选举周期到来时的研发投入和技术创新支出,从计量回归分析结果显示政策变化显著降低企业研发投入和技术创新,因此这种结论的有效性值得进一步商榷。

另外,已有研究虽然在一定程度上探讨政策变化对投融资支出、技术创新、企业价值等方面的影响,但是探讨背后的内在机制的研究成果较为缺乏,例如政策变化通过什么内在机制影响企业技术创新?并且,已有研究大多以西方发达国家为研究背景,缺乏基于中国为背景的研究框架和结合中国实际的研究成果。

## 第三节　边际学术贡献

国内外已有较多文献研究政策变化的消极效应,并且越来越多的成果着眼于微观层面的理论和实证研究,不过仍然存在一些不足之处,本章在一些方面进行开拓。

### 一、深入挖掘政策变化的积极效应

已有关于政策变化经济效应的成果大多关注其消极效应,认为政策变化导致企业降低投资支出和推迟投资(Julio 和 Yook,2012;贾倩等,2013;罗党论等,2016;Buckley 等,2007),所以在面对政策变化时,企业采取延缓投资策略会带来更多的投资收益。本章认为已有研究在样本选择、指标测算和研究结论等方面有待改进,政策建议的有效性值得进一步商榷。本章研究发现,政策变化与企业技术创新在行业间和企业间存在较为显著的异质性;在总体样本层面,政策的不确定性显著促进企业技术创新,这一结论并没有随着城市行政级别、政策变化与城市行政级别的交互项、地方保护主义、金融可得性等控制变量的加入而有所改变,具有较强的稳健性。这些结论不仅进一步丰富了政策变化理论在实证研究中的应用,而且在当前世界局势扑朔迷离和政策变化不断加大的形势下对于我国企业如何开展技术研发和提升国际竞争优势等具有重要的参考价值。

### 二、合理探究政策变化影响企业技术创新的内在机理

已有研究成果大多忽略对政策变化影响企业技术创新的内在机理的探究和分析(Julio 和 Yook,2012;Atanassov 等,2015;郭平,2016)。

尽管政策变化对企业技术创新存在延迟效应和先发效应,但是后者的效应明显大于前者的效应,政策变化显著地促进企业技术创新,促使企业进行研发竞争。同时,本章还分析企业所在城市的行政级别对政策变化与企业技术创新内在关系的调节效应。本章研究发现,随着企业所在城市行政级别的提高,政策变化负向影响企业技术创新。这些结果在考虑内生性和处理效应后依然保持较强的稳健性。这些结论对于尊重顺应城市自身发展规律,逐步降低城市行政级别对政策变化与企业技术创新之间关系的负面影响,充分发挥市场在创新要素和资源配置过程中的决定性作用等提供重要的理论支撑。

### 三、科学分析政策变化影响企业技术创新的作用机制

已有研究成果大多忽略对政策变化影响企业技术创新的内在机制的探究和分析(Julio 和 Yook,2012;Atanassov 等,2015;郭平,2016)。本章发现,政策变化通过企业生产率影响企业技术创新水平,其内在机理是:随着政策变化不断增加,企业为了在市场上继续生存或者提高竞争力,必须降低生产成本、提高企业生产率和

增强产品技术含量。解决基本生存问题或获取更多收益的企业为了抢占未来市场份额和拓宽未来发展机会,更有可能采取先发战略而不是延迟战略,尽早开展技术研发、加大研发投入和提升技术创新绩效。这些结论对于充分发挥政策变化的积极效应、提高企业技术创新绩效、促进外贸高质量发展、建设现代化经济体系、加强国家创新体系建设等都具有重要的理论价值。

## 第四节　研究设计

### 一、模型设定

#### (一)基准计量模型

根据国内外研究成果(Julio 和 Yook,2012;Atanassov 等,2015),本章构建如下计量模型,用以检验政策变化 *EUI* 对企业技术创新 *Inno* 的影响:

$$Inno_{it} = \alpha + \beta_1 EUI_{it} + \beta_2 Inno_{it-1} + X_{it} + \varepsilon_{it} + \delta_{it} + \sigma_{it} + \mu_{it}$$

$$(7-1)$$

式(7-1)中,$Inno_{it}$、$Inno_{it-1}$ 分别是当期和滞后一期的企业技术创新水平,$EUI_{it}$ 代表当期企业主观感知的政策变化影响程度,$X_{it}$ 代表一系列当期的控制变量,包括城市行政级别、地方保护主义、金融可得性、工人技能与教育水平、融资成本、企业合作、员工教育培训、出口、企业年龄等,$\varepsilon_{it}$、$\delta_{it}$、$\sigma_{it}$ 代表地区、所有制和产业效应,$\mu_{it}$ 代表其他不易观察的因素。

一般而言,城市的价值在于能够提供更加优质的创新要素、更加便利的基础设施和更加高效的生产效率。中国城市的发展过程并不完全遵照城市发展规律,而是在一定程度上受到高层意志和行政权力的长期影响。在我国,当企业所在城市的行政级别提高后,城市会获得以往难以获得的政治资源关联、国家战略支持、基础设施投资、收支优惠政策等,因为这些都是从中央到地方再到基层、从高级别城市到中等级别城市再到一般级别城市进行分层级安排。所以,企业所在城市的行政级别 UAL 很有可能影响政策变化对企业技术创新。因此,本章在式(7-1)的基础上,加入城市行政级别与政策变化的交叉项,用于检验企业所在城市的行政级别对政策变化与企业技术创新的影响程度:

$$Inno_{it} = \alpha + \beta_1 EUI_{it} + \beta_2 Inno_{it-1} + \beta_3 EUI_{it} \times UAL_{it} +$$

$$X_{it} + \varepsilon_{it} + \delta_{it} + \sigma_{it} + \mu_{it} \tag{7-2}$$

### (二)倾向得分匹配模型

众所周知,在观察研究中由于某些原因,回归结果总是受到混杂变量(Confounding Variable)和数据偏差(Date Bias)的影响,造成产生系统性偏差和回归结果失真的现象。例如,利用政策变化程度较高的企业中技术创新状况最好的 10% 样本,与政策变化低的企业中技术创新状况最差的 10% 样本相比,将会得出"政策变化对企业技术创新并无负面影响"的错误结论。因此,本章拟通过引进倾向得分匹配方法来尝试解决这些问题,用于回归结果的稳健性检验。

利用倾向得分匹配计算平均处理效应的一般步骤如下:选择协变量、选择 Logit 回归估计倾向得分、进行倾向得分匹配、计算平均处理效应 ATT、ATU 和 ATE。当前比较常用的倾向得分匹配方法有 k 近邻匹配、半径匹配、核匹配、局部线性回归匹配和马氏匹配等方法。

## 二、指标说明

企业技术创新:利用调查问卷中当年研发支出(单元:千元)测算,当年企业技术创新=ln(当年研发支出+1)。同时,滞后一期的企业技术创新利用滞后一期的研发支出(单元:千元)测算,滞后一期的企业技术创新=ln(滞后一期的研发支出+1)。企业技术创新在调查问卷中对应的问题是 ab71 和 ab72。

政策变化:本章借鉴已有成果的做法(Chong 和 Gradstein,2009),采用世界银行中国企业微观数据库中企业对政策变化的感知程度数据,构建企业微观层面的政策变化指标,在问卷中对应的问题是 b110。利用调查问卷中"政策变化对企业运营与成长的影响程度多大"的结果,具体来说,没有=0,较小=1,中等=2,很大=3,非常严重=4。从受访者自身角度来看,数值越大,说明政策变化程度越高。另外,在进行倾向得分匹配过程中,本章认为,政策变化对企业运营的中等、影响很大和非常严重时,PUI=1,否则,PUI=0。

交互项:利用政策变化与企业所在城市行政级别相乘得到交互项,检验企业所在城市的行政级别对政策变化与企业技术创新的影响程度。

金融可得性:利用调查问卷中"金融可得性对企业运营与成长的影响程度多大"(b107)的结果,具体来说,没有=0,较小=1,中等=2,很大=3,非常重要=4。

工人技能与教育水平:利用调查问卷中"工人技能与教育水

平对企业运营与成长的影响程度多大"(b106)的结果,具体来说,没有 = 0,较小 = 1,中等 = 2,很大 = 3,非常重要 = 4。

融资成本:利用调查问卷中"融资成本对企业运营与成长的影响程度多大"(b108)的结果,具体来说,没有 = 0,较小 = 1,中等 = 2,很大 = 3,非常严重 = 4。

企业合作:利用调查问卷中"企业间关系对企业运营与成长的影响程度多大"(d2)的结果,具体来说,没有 = 0,较小 = 1,中等 = 2,很大 = 3,非常重要 = 4。

员工教育培训:利用调查问卷中"过去两年是否对员工进行教育培训"(e101)的结果,如果是,则赋值1;反之,则赋值0。

出口:利用调查问卷中"企业是否出口"(g4),如果是,则赋值1,反之,则赋值0。

企业年龄:利用调查问卷中"企业成立年份"(a1),企业年龄 = 2004-成立年份。

企业生产率:利用调查问卷中企业净固定资产(AB611),企业生产率 = ln(净固定资产+1)。

### 三、数据来源与统计性描述

本章选取 2005 年世界银行中国企业微观数据库作为数据来源,其原因有以下几点:一是该微观企业数据库包含企业对政策变化的主观感知评价指标,也是当前国内外唯一涉及企业感知政策变化的数据来源,有利于克服已有研究忽略每个企业对政策变化以及政治风险主观感受的不足。二是该数据库详细披露企业近三年的研发支出,便于本章利用滞后项消除回归中可能存在的内生性。三是该数据库详细包含微观企业的财务指标、金融指标、经营指标、特征指标等,便于本章寻找到更多解释变量和探究内在机制,很大程度上降低遗漏重要变量的不利影响。各变量描述性统计结果见表7-1。

表7-1　各变量描述性统计结果

| 指标 / 变量 | 平均值 | 标准差 | 最小值 | 最大值 |
|---|---|---|---|---|
| 企业技术创新 | 6. 2002 | 2. 5563 | 0. 0953 | 15. 2880 |
| 政策变化 | 1. 0081 | 1. 0666 | 0. 0000 | 4. 0000 |
| 城市行政级别 | 0. 3760 | 0. 8413 | 0. 0000 | 2. 0000 |
| 交互项 | 0. 4533 | 1. 4777 | 0. 0000 | 12. 0000 |
| 企业技术创新滞后一期 | 5. 7353 | 2. 8006 | 0. 0000 | 15. 1636 |
| 地方保护主义 | 0. 7456 | 0. 9435 | 0. 0000 | 4. 0000 |
| 金融可得性 | 1. 4840 | 1. 2407 | 0. 0000 | 4. 0000 |
| 工人技能与教育水平 | 1. 4012 | 1. 0315 | 0. 0000 | 4. 0000 |
| 融资成本 | 1. 2214 | 1. 1036 | 0. 0000 | 4. 0000 |
| 企业合作 | 0. 9285 | 0. 2577 | 0. 0000 | 1. 0000 |
| 员工教育培训 | 0. 9398 | 0. 2378 | 0. 0000 | 1. 0000 |
| 企业出口 | 0. 5045 | 0. 5000 | 0. 0000 | 1. 0000 |
| 企业年龄 | 13. 7099 | 14. 8295 | 1. 0000 | 139. 0000 |
| 企业生产率 | 10. 0106 | 2. 1953 | 0. 0000 | 17. 5168 |

另外,还进行不同行业主要变量的描述性统计,具体见表7-2。一方面,本章发现,无论本章绘制所有样本的散点图,还是绘制行业样本的散点图,政策变化与企业技术创新之间存在较为明显的正向相关关系,为下文进一步进行回归结果分析奠定基础。另一方面,不同行业之间政策变化与企业技术创新之间存在较为显著的异质性。行业之间政策变化平均值是1.0081,共有12个行业超过政策变化平均值,而其他18个行业低于政策变化平均值,其中,化学纤维制造业的政策变化是0.5366,在所有行业中最低,

而烟草制品业的政策变化是 1.5294,在所有行业中最高,是化学纤维业的 2.85 倍。行业之间企业技术创新平均水平是 6.2002,共有 12 个行业超过企业技术创新平均水平,而其他 18 个行业低于企业技术创新平均水平。具体来说,木材加工和竹藤棕草制品业的企业技术创新水平是 4.6705,在所有行业中最低,仪器仪表制造业的技术创新水平是 8.4376,在所有行业中最高,是木材加工和竹藤棕草制品业的 1.81 倍。

表 7-2　样本行业分布情况以及主要变量的行业特征

| 项目代码 | 行业类型 | 数量 | 企业技术创新 | 政策变化 | 城市行政级别 |
|---|---|---|---|---|---|
| 13 | 农副食品加工业 | 431 | 4.8117 | 0.7541 | 0.1114 |
| 14 | 食品制造业 | 128 | 5.2578 | 0.6250 | 0.1328 |
| 15 | 酒、饮料和精制茶制造业 | 102 | 5.5161 | 0.8137 | 0.1373 |
| 16 | 烟草制品业 | 34 | 8.0836 | 1.5294 | 0.1176 |
| 17 | 纺织业 | 447 | 5.4042 | 1.0000 | 0.0917 |
| 18 | 纺织服装、鞋、帽制造业 | 90 | 5.6486 | 0.8778 | 0.1222 |
| 19 | 皮革、毛羽及其制品和鞋业 | 79 | 5.8091 | 0.8861 | 0.0000 |
| 20 | 木材加工和竹藤棕草制品业 | 82 | 4.6705 | 0.8537 | 0.0366 |
| 21 | 家具制造业 | 27 | 5.4046 | 0.8889 | 0.0370 |
| 22 | 造纸和纸制品业 | 116 | 5.2750 | 0.7241 | 0.0517 |
| 23 | 印刷和记录媒介复制业 | 29 | 6.1276 | 0.8621 | 0.0000 |
| 24 | 文教、工美体育和娱乐用品制造业 | 22 | 5.3374 | 0.5000 | 0.0000 |
| 25 | 石油、煤炭及其他燃料加工业 | 88 | 6.5639 | 1.2841 | 0.3636 |
| 26 | 化学原料和制品业 | 840 | 5.9345 | 0.9762 | 0.3024 |
| 27 | 医药制造业 | 344 | 6.6728 | 1.1919 | 0.3517 |
| 28 | 化学纤维制造业 | 41 | 7.7878 | 0.5366 | 0.2439 |
| 29 | 橡胶和塑料制品业 | 15 | 6.9418 | 1.0667 | 0.0667 |

| 项目代码 | 行业类型 | 数量 | 企业技术创新 | 政策变化 | 城市行政级别 |
|---|---|---|---|---|---|
| 30 | 非金属矿物制品业 | 135 | 5.4577 | 1.0074 | 0.1037 |
| 31 | 黑色金属冶炼和压延加工业 | 544 | 5.2148 | 0.8603 | 0.1434 |
| 32 | 有色金属冶炼和压延加工业 | 228 | 6.8132 | 1.0395 | 0.4123 |
| 33 | 金属制品业 | 176 | 6.1701 | 1.1818 | 0.0966 |
| 34 | 通用设备制造业 | 193 | 5.8078 | 0.7513 | 0.5959 |
| 35 | 专用设备制造业 | 684 | 6.2140 | 1.0278 | 0.4766 |
| 36 | 汽车制造业 | 335 | 6.7676 | 1.1731 | 0.3791 |
| 37 | 铁路、船舶航空和其他运输设备制造业 | 722 | 6.9075 | 1.2230 | 0.7493 |
| 38 | 计算机、通信和其他电子设备制造业 | 588 | 6.6927 | 0.9864 | 0.5476 |
| 39 | 仪器仪表制造业 | 432 | 8.4376 | 1.2060 | 0.9537 |
| 40 | 其他制造业 | 40 | 7.2087 | 1.0750 | 0.7500 |
| 41 | 废弃资源综合利用业 | 70 | 5.7005 | 1.0000 | 0.2429 |
| 42 | 金属制品、机械和设备修理业 | 2 | 3.6171 | 1.5000 | 0.0000 |
| 总计 | | 7064 | 6.2002 | 1.0081 | 0.3760 |

## 第五节　政策变化影响企业技术创新实证分析

### 一、基本结果与分析

表7-3报告了政策变化影响企业技术创新的全样本回归结果。值得说明的是,为了进一步降低回归结果可能存在的遗漏变量偏误和内生性问题,本章在回归模型中加入滞后一期的企业技术创新指标,回归结果见表7-3列(2)、列(4)、列(6)。同时,本

章还引入政策变化与城市行政级别的交叉项。表7-3显示,无论是否加入企业技术创新滞后一期,政策变化至少在5%的统计性水平上显著正向影响企业技术创新。具体来说,如果不加入企业技术创新滞后一期[见表7-3列(1)、列(3)、列(5)],政策变化在1%的统计性水平上显著正向影响企业技术创新,政策变化程度每提高1%,企业技术创新平均提高12.01%至27.69%。如果加入企业技术创新滞后一期[见表7-3列(2)、列(4)、列(6)],政策变化在5%的统计性水平上显著正向影响企业技术创新,政策变化程度每提高1%,企业技术创新平均提高3.54%至4.39%。这些结果并没有随着城市行政级别、政策变化与城市行政级别的交互项、地方保护主义、金融可得性、工人技能与教育水平、融资成本、企业合作、员工教育培训、企业出口、企业年龄等控制变量的加入而有所改变,具有较强的稳健性。

表7-3 政策变化影响企业技术创新的全样本回归结果

| 模型 变量 | (1) | (2) | (3) | (4) | (5) | (6) |
|---|---|---|---|---|---|---|
| 政策变化 | 0.2769***<br>(8.07) | 0.0354**<br>(2.03) | 0.2198***<br>(6.96) | 0.0357**<br>(2.15) | 0.1201***<br>(4.45) | 0.0439***<br>(2.90) |
| 城市行政级别 | 0.6878***<br>(13.26) | 0.1443***<br>(5.63) | 0.5721***<br>(12.03) | 0.1282***<br>(5.05) | 0.4319***<br>(10.54) | 0.1477***<br>(6.01) |
| 交互项 | −0.0788**<br>(−2.53) | −0.0319**<br>(−2.09) | −0.0685**<br>(−2.40) | −0.0318**<br>(−2.13) | −0.0589**<br>(−2.42) | −0.0317**<br>(−2.16) |
| 企业技术创新滞后一期 | — | 0.7913***<br>(149.41) | — | 0.7613***<br>(136.40) | — | 0.7125***<br>(115.35) |
| 地方保护主义 | 0.3776***<br>(10.32) | 0.0813***<br>(4.42) | 0.3059***<br>(9.10) | 0.0805***<br>(4.54) | 0.1658***<br>(5.76) | — |
| 金融可得性 | −0.1454***<br>(−5.77) | −0.0559***<br>(−3.68) | −0.1521***<br>(−6.61) | −0.0518***<br>(−4.27) | −0.0965***<br>(−4.91) | — |
| 工人技能与教育水平 | — | −0.0001 | — | — | — | — |

续表

| 模型<br>变量 | （1） | （2） | （3） | （4） | （5） | （6） |
|---|---|---|---|---|---|---|
| 融资成本 | — | 0.0125 | — | — | — | -0.0289 **<br>（6.96） |
| 企业合作 | — | — | 1.1083 ***<br>（10.64） | 0.2978 ***<br>（5.42） | 0.4210 ***<br>（4.69） | — |
| 员工教育培训 | — | — | 1.232 ***<br>（10.92） | 0.3650 ***<br>（6.13） | 0.6335 ***<br>（6.54） | — |
| 企业出口 | — | — | 0.7515 ***<br>（31.45） | 0.3584 ***<br>（11.56） | 0.7893 ***<br>（2.90） | — |
| 企业年龄 | — | — | — | — | — | -0.0012 |
| 企业规模 | — | — | — | — | 0.6032 ***<br>（51.69） | 0.1856 ***<br>（23.53） |
| 地区效应 | Yes | Yes | Yes | Yes | Yes | Yes |
| 所有制效应 | Yes | Yes | No | Yes | Yes | No |
| 常数项 | 5.2470 ***<br>（57.44） | 1.4611 ***<br>（27.51） | 3.0038 ***<br>（19.54） | 5.3420 ***<br>（2.70） | -0.6738<br>（-0.21） | 0.1182<br>（1.61） |
| $R^2$ | 0.1064 | 0.7865 | 0.2469 | 0.7931 | 0.4541 | 0.8013 |
| N | 7064 | 7064 | 7064 | 7064 | 7064 | 7064 |

注：（1）***、**、*分别表示在1%、5%、10%的水平上显著；（2）括号内数字是 T 统计量。

本章的结论与国内外部分成果保持一致（Atanassov 等，2015；Cao 等，2019；郭平，2016），而与其他部分成果不太一致（Julio 和 Yook，2012；贾倩等，2013；罗党论等，2016；Buckley 等，2007）。已有研究成果认为政策变化降低企业技术创新的主要原因是，政策变化加大当地企业所面临的市场风险和倒闭风险，降低政府对市场提供的隐性保护价值，导致投资者对政策变化要求更高的风险溢价和风险补偿（Pástor 和 Veronesi，2013；Brogaard 和 Detzel，2015）。本章认为，产生不同结论的原因在于样本选择和指标测算方面。已有研究或者以西方发达国家为背景，选择选举更替、政治选举激励程度、外在事件冲击等指标作为政策变化的代理变量

（Graham 等，2005；Kim 和 Kungy，2017；Chau 等，2014；Julio 和 Yook，2012；Buckley 等，2007），或者以中国上市公司为样本，采用地方官员更替作为政策变化的代理变量（贾倩等，2013；罗党论等），回归结果可能存在一定的内生性问题，所得到的结论可能有失偏颇。

本章选择的样本是世界银行经过科学的分层抽样方法对调查单位进行筛选，对我国 120 个城市 12400 家企业 2002—2004 年的企业基本信息、投资环境、企业财务指标、所有权结构以及公司治理信息等进行常年跟踪调查，通过严格的数据质量控制机制而整理出来的微观企业调查数据库，不同企业之间存在较高的异质性，企业的各项指标和数据尽可能接近于随机状态，所以这个数据库具有较高的可信度、权威性和客观性，得到越来越多国内外学者的认可和使用。同时，企业同质性是一种理想假设，企业异质性是一种普遍现象（王智新，2020）。在不同确定性条件下，企业是一个历史的持续内生成长和演化的有机体，企业在成长中所积累的核心知识和能力既是独特的和有价值的，也是非竞争性的和难以模仿与替代的（杨瑞龙、刘刚，2002），所以，已有部分成果假设一个行业内所有企业以同样的承受能力和相同的应对决策面对政策变化是不太合适的。我们以世界银行中国企业微观数据库为样本来源，从没有、较小、中等、很大和非常严重五个方面测度政策变化对企业运营与成长的影响程度，相对于已有成果来说，更加贴近企业面临政策变化时的客观实际。

本章认为，如果企业技术研发项目没有成功，企业需要承受较大的沉没成本，有可能造成企业较大的投资损失。所以，当政策变化不断提高时，企业需要在技术研发的稳健性和未来可能的收益性之间权衡利弊。在这种情况下,企业在作出研发投资决策时往往会更加谨慎和采取持币观望的态度,希望通过减少或者延迟研发投资尽可能降低政策变化带来的消极影响。随着新产品新需求新市场新领域的不断涌现,尽管企业当下面临着政策变化的困扰,但是如果不能着眼于企业长远发展而采取延迟战略放弃技术研发,很有可能在政策变化消除的未来某些时候,因技术落后导致不能满足消费者需求,市场份额越来越小并最终退出市场(Tegarden等,1999)。同时,随着国家知识产权保护力度加大,在政策变化情况下企业采取先发战略开展技术创新研发,很有可能在未来市场上取得技术优势和投资额外收益,而且很有可能拓展更大的发展空间和获取更多的发展机会,所以,在政策变化情况下先发开展技术创新和技术研发相当于购买一个增长期权。已有部分成果支持本章的观点。部分成果认为,研发投资相对于其他投资来说具有显著的技术不确定性,必须通过尽早开展研发积累研发经验才能从根本上降低这种不确定性(Oriani 和 Sobrero,2008)。部分学者认为,政策改变会激励企业尽快开展当期的投资活动,主要原因是企业为了获得未来的市场增长期权(Kulatilaka 和 Perotti,1998)。部分成果还认为,当技术研发的增长期权价值大于延迟期权价值时,企业最优选择是尽快开展研发投资和技术创新(Weeds,2002),因为这样可以有效阻碍可能的竞争者或者恫吓潜在的进入者。还有部分学者认为,延迟投资有可能导致企业面临投资机会、发展空间和市场份额的逐步丧失,所以企业应该发挥先发优势,尽早开展研发投资和技术创新,努力获取产品市场竞争优势(Minton 和 Schrand,1999)。

从表7-3中还可以看出,无论是否加入企业技术创新滞后一期,城市行政级别均在1%的统计性水平上显著正向影响企业技术创新。具体来说,如果不加入企业技术创新滞后一期[见表7-3列(1)、列(3)、列(5)],城市行政级别在1%的统计性水平上显著正向影响企业技术创新,城市行政级别程度每提高1%,企业技术创新平均提高43.19%至68.78%。如果加入企业技术创新滞后一期[见表7-3列(2)、列(4)、列(6)],城市行政级别在1%的统计性水平上显著正向影响企业技术创新,政策变化程度每提高1%,企业技术创新平均提高12.82%—14.77%。本章认为,城市行政级别对企业的技术创新有激励效应、成本效应和反馈效应。同时,较高级别的城市更容易接触国家部委和省级政府部门,在区域发展、投资立项、项目申报、税收优惠等方面可以帮助企业降低技术创新成本,增加企业对资金、技术、高层次人才等高端要素的吸引力。另外,级别较高的城市在国家区域发展过程中被中央政府赋予更加重要的使命,必将成为带动所在区域快速发展的重要支撑点,这些政策安排和合理预期降低企业经营的宏观政策变化,对企业技术创新产生正向反馈作用。江艇等(2018)认为,城市行政级别与价格一样,都是资源配置的一种手段。

同时,我们还发现,无论是否加入企业技术创新滞后一期,政策变化与城市行政级别的交互项均在5%的统计性水平上显著负向影响企业技术创新。如果不加入企业技术创新滞后一期[见表7-3列(1)、列(3)、列(5)],交互项在5%的统计性水平上显著负向影响企业技术创新,具体来说,交互项增加1%,企业技术创新水平平均下降5.89%至7.88%。如果加入企业技术创新滞后一期[见表7-3列(2)、列(4)、列(6)],交互项增加1%,企业技术创新水平平均下降3.17%至3.19%。本章认为,可能的原因是随着企业所在城市的行政级别不断升高,企业所在的城市会提供更加便捷的基础设施、更加优质的创新要素、更加优越的营商环境、更加广阔的发展平台和更加稳健的政策规划。在面临政策变化时,企业相信延迟研发投资在未来会占有更大的市场份额和取得更大的研发投资收益,而不会贸然采取先发投资来获得可能的市场竞争优势。

## 二、稳健性检验

### (一)考虑内生性

已有研究认为,政策变化对投资支出的影响与国家特征、行业特征等紧密相关。在大陆法系的国家和在对政治选举结果较为敏感的行业,政策变化对投资支出的影响更加显著(Julio 和 Yook,2012;Atanassov 等,2015)。本章考虑到基准回归过程中可能存在内生性问题,用行业平均政策变化水平代替企业个体政策变化,考虑政策变化对企业技术创新的影响,同时,本章控制了地区效应、所有制效应和行业效应,回归结果见表7-4。

表7-4　考虑内生性的回归结果

| 变量 ＼ 模型 | (1) | (2) | (3) | (4) |
|---|---|---|---|---|
| 政策变化 | 0.5712 *** (5.33) | 0.7928 *** (8.85) | 0.5728 *** (5.34) | 0.5778 *** (5.45) |
| 城市行政级别 | 0.2202 * (1.82) | 0.2156 * (1.85) | 0.2194 * (1.81) | 0.2072 * (1.73) |
| 交互项 | −0.1404 (−1.26) | −0.1318 (−1.23) | −0.1397 (−1.25) | −0.1336 (−1.21) |
| 地区效应 | Yes | Yes | Yes | Yes |

续表

| 变量 \ 模型 | (1) | (2) | (3) | (4) |
|---|---|---|---|---|
| 所有制效应 | Yes | No | Yes | Yes |
| 产业效应 | Yes | No | Yes | Yes |
| $R^2$ | 0.7908 | 0.8060 | 0.7908 | 0.7910 |
| N | 7064 | 7.64 | 7064 | 7064 |

注:(1) ***、**、*分别表示在1%、5%、10%的水平上显著;(2)括号内数字是T统计量。

表7-4报告考虑内生性的回归结果。从表7-4可以看到,政策变化均在1%的统计性水平上显著正向地促进企业技术创新,与前文回归结果保持一致。城市行政级别在10%的统计性水平上也显著正向地促进企业技术创新水平,而两者的交叉项负向影响企业技术创新,只是在统计上并不显著。本章发现,相对于基准回归结果,政策变化对企业技术创新的回归系数变大,可能的原因是,利用行业平均政策变化水平代替企业个体政策变化,抹平了不同企业对政策变化的承受能力和应对策略异质性,回归模型有更好的拟合优度,回归系数也相应地比基准回归模型所得到的结果要变大一些。

## (二)考虑处理效应

利用传统计量回归方法可能存在观测数据的偏误和抽样方法的误差,所以本章考虑处理效应,选择倾向得分匹配方法PSM进行稳健性检验。在方法论上,PSM借鉴随机实验设计思想,尝试通过匹配再抽样的方法使得观测数据尽可能接近随机试验数据,在较大程度上减少观测数据的偏差,利用k近邻匹配所得到的倾向得分共同取值范围。

我们还发现,匹配后各变量标准化偏差比匹配前明显减小,而且大多数 t 检验的结果不拒绝处理组与控制组无系统差异的原假设,充分说明匹配结果较好地平衡了数据。本章利用近邻匹配、半径匹配、核匹配、局部线性回归匹配、马氏匹配等不同匹配方法所得到的倾向得分匹配回归结果见表7-5。

表 7-5  不同倾向得分匹配结果

| 变量 \ 方法 | k 近邻匹配 | 半径匹配 | 核匹配 | 局部线性回归匹配 | 马氏匹配 |
|---|---|---|---|---|---|
| ATT | 0.5109 *** (4.35) | 0.4632 *** (4.47) | 0.3770 *** (4.15) | 0.3812 *** (3.36) | 0.3715 *** (4.74) |

注:(1) ***、**、* 分别表示在 1%、5%、10% 的水平上显著;(2) 括号内数字是 T 统计量。

表 7-5 显示,无论采用哪种匹配方法,政策变化均在 1% 的统计性水平上显著正向促进企业技术创新,与前文的回归结果保持高度一致,充分说明本章的结论具有非常强的稳健性。由于在倾向得分匹配第一阶段本章使用 Logit 进行计量回归过程中存在模型设定的不确定性,由此可能造成匹配结果的偏误,同时,由于非精确匹配一般存在偏差(陈强,2014),部分学者提出通过回归的方法来估计偏差,得到偏差校正匹配估计量(Abadie 和 Imbens, 2011)。同时可以通过在处理组或控制组内部进行二次匹配,从而得到在异方差条件下也成立的稳健性偏误。本章通过有放回且允许并列的 k 近邻匹配,进行偏差校正匹配估计,努力减少因主观设定回归模型而造成的偏差。具体来说,本章首先进行一对四匹配来估计 ATT,不做偏差校正,但使用异方差稳健性标准误,其次重复以上命令,但进行偏差校正,最后,以样本协方差矩阵的逆矩阵为权重矩阵,使用马氏距离进行匹配,具体结果见表7-6。

表7-6 偏差校正匹配估计结果

| 方法<br>变量 | k 近邻匹配 | 偏差校正匹配 | 马氏匹配 |
|---|---|---|---|
| SATT | 0.3111 *** <br> (4.60) | 0.1795 *** <br> (2.65) | 0.1738 *** <br> (2.62) |
| p | 0.0000 | 0.0008 | 0.0009 |

注: *** 、** 、* 分别表示在 1%、5%、10%的水平上显著。

表7-6 的 k 近邻匹配中,权重矩阵是主对角线元素为各变量样本方差的对角矩阵的逆矩阵。使用异方差稳健标准误但不做偏差校正,ATT 的估计值是 0.3111,p 值为 0,说明政策变化在 1%的统计性水平显著正向促进企业技术创新。重复以上命令进行偏差校正匹配后,ATT 的估计值减少为 0.1795,再次说明政策变化在 1%的统计性水平显著正向促进企业技术创新。以样本协方差矩阵的逆矩阵为权重矩阵,使用马氏距离进行匹配后,ATT 的估计值减少为 0.1738,充分说明政策变化在 1%的统计性水平显著正向促进企业技术创新。

### 三、分样本的扩展性分析

为了进一步考察政策变化影响企业技术创新的异质性,本章按照区域、贸易状态、所有制、企业间合作、教育培训五个层面对总样本进行细分,回归结果见表7-7 和表7-8。

表7-7 回归结果(区域、贸易和所有制分样本)

| 模型<br>变量 | 东部 | 中西部 | 出口 | 非出口 | 国有企业 | 非国有<br>企业 |
|---|---|---|---|---|---|---|
| 政策变化 | 0.2426 *** <br> (4.5007) | 0.2544 *** <br> (5.6500) | 0.0589 * <br> (1.4674) | 0.1248 *** <br> (3.5640) | 0.3459 *** <br> (3.4939) | 0.3447 *** <br> (11.0848) |

续表

| 模型<br>变量 | 东部 | 中西部 | 出口 | 非出口 | 国有企业 | 非国有<br>企业 |
|---|---|---|---|---|---|---|
| 城市行政级别 | 0.7078 ***<br>(11.1654) | 0.6449 ***<br>(6.7772) | 0.2993 ***<br>(5.5507) | 0.2824 ***<br>(4.5507) | 0.8724 ***<br>(4.9157) | 0.5566 ***<br>(10.2746) |
| 交互项 | -0.0737 **<br>(-1.9102) | -0.0777 *<br>(-1.3476) | -0.0551 **<br>(1.7963) | -0.0086<br>(-0.2121) | -0.2328 ***<br>(-2.4168) | -0.0397<br>(-1.2223) |
| 地区效应 | No | No | Yes | Yes | Yes | Yes |
| 所有制效应 | No | No | Yes | Yes | No | No |
| 产业效应 | No | No | Yes | Yes | Yes | Yes |
| $R^2$ | 0.1047 | 0.0804 | 0.4272 | 0.3371 | 0.0690 | 0.1262 |
| N | 3390 | 3660 | 3551 | 3487 | 671 | 6381 |

注:(1) ***、**、* 分别表示在1%、5%、10%的水平上显著;(2)括号内数字是T统计量。

表7-7中首先报告东部和中西部样本回归结果。东部地区的企业政策变化对企业技术创新的正向效应(0.2426)低于中西部地区(0.2544),而东部地区企业所处城市的行政级别对企业技术创新的正向效应(0.7078)要高于中西部地区(0.6449),东部地区企业的交叉项对企业技术创新的负向效应(-0.0737)低于中西部地区(-0.0777),而且回归结果比中西部更加显著。这些结论可能的解释是:相比较于中西部地区,东部地区市场化发展较快、城市行政级别较高、营商环境较优良、高科技企业较多、技术研发更加积极主动,在面临政策变化情况下,东部企业更易采取先发策略,加大研发投资支出,努力在未来市场上占有更大的市场份额和获取更广阔的发展空间。部分成果发现,美国各州在1976—2013年,企业在选举年的研发支出比非选举年高出4.6%,根本原因在于占市场多数的增长期权较高、政治敏感性较强、产品市场竞争更加激烈的企业在政策变化情况下依然会加大研发投资(Atanassov

等,2015)。

其次,表7-7中报告出口和非出口样本回归结果。出口企业的政策变化对企业技术创新的正向效应(0.0589)要低于非出口企业(0.1248),而出口企业所处城市的行政级别对企业技术创新的正向效应(0.2993)要高于非出口企业(0.2824),出口企业的交叉项对企业技术创新的负向效应(-0.0551)低于非出口企业(-0.0086),而且回归结果比非出口企业显著。这些结论可能的解释是:出口企业相比于非出口企业拥有更加丰富的国外销售网络和渠道,更加熟悉东道国消费者偏好,有更加精准的国际市场动态预判和更加有效的国际化经营策略调整,所以出口企业在面对政策变化时需要在先发策略和延迟策略之间认真权衡利弊,做到既不会因贸然加大研发支出而造成企业资金流断裂,又不会因延迟投资而造成投资机会白白丧失。最后,表7-7中报告国有企业和非国有企业样本回归结果。国有企业的政策变化对企业技术创新的正向效应(0.3459)要高于非国有企业(0.3447),而国有企业所处城市的行政级别对企业技术创新的正向效应(0.8724)要高于非国有企业(0.5566),国有企业的交叉项对企业技术创新的负向效应(-0.2328)要高于非国有企业(-0.0397),而且回归结果比非国有企业显著。这些结论可能的解释是:由于不同的政治代理人具有不同的施政纲领,面对着明确的任期限制和被不同政治派别的其他领导人替代的可能,国有企业均为国家控股,因此相对于非国有企业而言,国有企业对政治结果更为敏感,在面对政策变化时企业技术创新支出增加更加明显。

表 7-8　回归结果（企业间合作、教育培训分样本）

| 变量 ＼ 模型 | 企业间合作 | 企业间无合作 | 员工教育培训 | 员工无教育培训 |
|---|---|---|---|---|
| 政策变化 | 0.3720 *** (12.0979) | 0.1809 ** (1.9658) | 0.3480 *** (11.3976) | 0.3438 *** (3.5798) |
| 城市行政级别 | 0.6120 *** (11.4314) | 0.1875 ** (1.9658) | 0.5587 *** (10.6718) | 0.4501 * (1.5266) |
| 交互项 | −0.0819 *** (−2.6030) | 0.0005 (0.0036) | −0.0672 ** (−2.1715) | 0.2128 (1.015) |
| 地区效应 | Yes | Yes | Yes | Yes |
| 所有制效应 | Yes | Yes | Yes | Yes |
| 产业效应 | Yes | Yes | Yes | Yes |
| R² | 0.1228 | 0.0717 | 6633 | 419 |
| N | 6552 | 498 | 0.1216 | 0.0735 |

注:(1) *** 、** 、* 分别表示在 1%、5%、10% 的水平上显著;(2) 括号内数字是 T 统计量。

　　表 7-8 中首先报告企业间合作样本和企业间无合作样本的回归结果。企业间合作样本的政策变化对企业技术创新的正向效应(0.3720)高于企业间无合作样本(0.1809),企业间合作样本的所处城市的行政级别对企业技术创新的正向效应(0.6120)高于企业间无合作样本(0.1875),企业间合作样本的交叉项对企业技术创新的负向效应(−0.0819)高于企业间无合作样本(−0.0005),而且回归结果比企业间无合作样本显著。这些结论可能的解释是:与传统"闭门造车"式的创新模式不同,企业间合作把更多外部创新资源融入企业生产经营过程中,通过各种创新要素互动、交汇和融合的动态过程,引进外部优质创新源,均衡协调内部创新和外部创新,实现资源共享、流程再造、信息交织和技术革新,构筑企业创新要素共享、整合和协同创新网络体系。所以,相对于无合作

样本来说,在面临政策变化时,企业通过开放式创新,促使企业采取更加积极的竞争策略,实现抢占未来发展的战略制高点和获得更加丰厚研发投资收益的根本目的。表7-8还报告员工教育培训企业样本和员工无教育培训企业样本的回归结果。员工教育培训企业的政策变化对企业技术创新的正向效应(0.3480)高于员工无教育培训企业(0.3438),员工教育培训企业的所处城市的行政级别对企业技术创新的正向效应(0.5587)高于员工无教育培训企业(0.4501),且回归结果更加显著,员工教育培训企业的交叉项对企业技术创新的负向效应(-0.0672)低于员工无教育培训企业(0.2128),但是后者在统计上并不显著。这些结论可能的解释是:相对于员工未进行教育培训的企业而言,进行员工教育培训的企业具备更为丰富、更加优质、更加雄厚的人力资本,这些企业在面对政策变化时更有动力和更有实力加大研发投入支出,利用技术研发获得竞争优势和额外收益。

## 第六节 政策变化影响企业技术
## 创新的内在机制分析

前文结论充分说明政策变化显著正向促进企业技术创新,得到国内外已有研究成果的支持。不过,探究政策变化影响企业技术创新的内在机制成果却较为稀少。本章的实证结果也证明这些结论。

表 7-9 政策变化影响企业生产率的内在机制

| 变量 \ 模型 | 总样本 | 地区层面 | | 所有制层面 | |
|---|---|---|---|---|---|
| | | 东部 | 中西部 | 国有 | 非国有 |
| 政策变化 | 0.1394*** (5.25) | 0.2073*** (5.19) | 0.1339*** (3.81) | 0.0331 (0.46) | 0.1752*** (6.22) |
| 地方保护主义 | 0.2341*** (7.89) | 0.2320*** (5.06) | 0.2945*** (7.72) | 0.3729*** (4.88) | 0.2361*** (7.48) |
| 金融可得性 | −0.1832*** (−7.44) | −0.0842*** (−2.69) | −0.0833*** (−3.13) | −0.1193** (−2.04) | −0.0778*** (−3.62) |
| 工人技能与教育水平 | −0.1129*** (−4.48) | −0.1580*** (−4.12) | −0.0405 (−1.22) | −0.0414 (−0.55) | −0.0969*** (−3.66) |
| 出口 | 1.5777*** (32.15) | 1.6853*** (24.08) | 1.5224*** (23.48) | 1.5202*** (10.73) | 1.6367*** (32.48) |
| 企业年龄 | 0.0327*** (19.43) | 0.0288*** (11.48) | 0.0355*** (17.85) | 0.0159*** (4.68) | 0.0305*** (14.98) |
| 地区效应 | Yes | — | — | Yes | Yes |
| 所有制效应 | Yes | No | No | — | — |
| 产业效应 | Yes | No | No | Yes | Yes |
| $R^2$ | 0.2367 | 0.2059 | 0.2421 | 0.2058 | 0.2212 |
| N | 7064 | 3397 | 3667 | 677 | 6387 |

注:***、**、*分别表示在1%、5%、10%的水平上显著。

表 7-9 是政策变化影响企业生产率的内在机制回归结果。从表 7-9 中可以看出,政策变化在 1% 的统计性水平上显著正向促进企业生产率,具体来说,政策变化程度每提高 1%,企业生产率平均提高 13.94%,这一结论并不随着地方保护主义、金融可得性、工人技能与教育水平、融资成本、出口、企业年龄等因素的逐步加入而有所变化,说明这些结论具有非常强的稳健性。同时,本章发现,在分样本层面,政策变化对企业生产率的影响具有显著的异质性,在地区层面,政策变化对东部地区企业的生产率影响比中西部地区更加明显。在所有制层面,政策变化对非国有企业的生产

率影响较为明显,而对于国有企业的影响则不太显著,这说明政策变化所产生的一系列不确定性不仅难以阻碍企业持币观望,反而促使企业降低生产成本和提升产品技术含量和生产效率,进而及早加大研发投入提高技术创新绩效。因此,政策变化对东部地区企业生产率、中西部地区企业生产率或非国有企业的生产率的"先发效应"要大于"延迟效应"。

# 第八章　研究结论与政策建议

## 第一节　本书研究结论

利用世界银行中国企业微观数据库,对经济政策变化对企业出口的影响进行分析。结果表明,经济政策变化显著地降低企业出口。也就是说,随着经济政策变化的增加,企业作出出口决策的可能性会显著降低,企业出口的数量也会显著降低。这个结论并没有随着金融可得性、融资成本、员工教育培训、电子商务、企业年龄、政企关系、企业规模、城市行政级别等控制变量的增加而发生大的变化,具有较强的稳健性。这些结论在进行变量替换、考虑内生性后,仍保持较强的稳健性。在区域层面、所有制层面、教育培训层面、城市行政级别层面和行业层面的异质性分析结果与上述结论基本一致。另外,本书还从经济政策变化对企业融资成本的影响,对经济政策变化影响企业出口的内在机制进行探讨。

在异质性假设下,研究政策不确定性对服务业企业出口二元边际的影响,结果发现,政策不确定性降低显著提高服务业企业出口扩展边际,而没有发现政策不确定性对出口集约边际的影响。党的十九大报告指出,实行高水平的贸易和投资自由化便利化政策,大幅度放宽市场准入,扩大服务业对外开放,创新对外投资方式,形成面向全球的贸易、投融资、生产、服务网络,加快培育国际经济合作和竞争新优势。本书这一研究结论有利于加深我国服务业企业出口增长方式和动态竞争能力的理解。

本书研究了全球价值链嵌入对企业创新绩效的影响。实证结果显示,全球价值链嵌入显著地促进企业创新绩效的提高,即随着企业全球价值链嵌入的决策和程度的加深,企业的创新绩效是提高的;在本书中企业所在城市的行政级别对企业的创新绩效的影响不显著,但是全球价值链和企业所在城市的行政级别的交互项对企业创新绩效的影响是显著促进的,即随着企业所在城市的行政级别的提高,嵌入全球价值链对企业创新绩效的提高是显著的,这一结论具有较强的稳健性。分样本进行分析后,结果显示全球价值链嵌入对东部地区及中西部地企业,制造业、服务业企业,国有企业和员工教育培训企业的创新绩效影响显著,不过全球价值链嵌入与企业所在城市行政级别的交互项对国有企业的创新绩效的影响具有负向倾向,即随着国有企业所在城市的行政级别的提高,全球价值链嵌入对于国有企业的创新绩效的影响是负相关的。另外本书还从嵌入全球价值链影响企业创新绩效的内在机制进行分析。这些结论对于企业嵌入全球价值链高端环节、提高企业创新绩效、促进企业开放创新、加快我国经济发展方式的转变、提高我国的国际竞争力具有重要的理论支撑和现实意义。

本书研究了营商环境改善对企业技术创新的影响。结果显示,营商环境改善显著地促进企业技术创新水平。也就是说,营商环境改善越优,企业技术创新水平越高。不过,随着企业所在城市的行政级别不断提高,营商环境改善将负向影响企业技术创新水平。在行业层面、地区层面和所有制层面的异质性分析结果与上述结论基本一致。此外,本书还从营商环境改善对国际贸易变化以及影响个体受教育程度,分析营商环境改善对企业技术创新的可能影响机制,并对其内在机理进行探讨。这些结论都得到微观企业数据的支持。

生态环境是人类赖以生存和发展的载体,也是关系国计民生的重要方面。本书考察了政策变化对企业绿色绩效的影响及其机制。研究结果发现,控制其他条件不变,企业在生产与经营过程中政策变化程度与绿色绩效之间存在显著且稳健的负相关关系。考虑模型的内生性问题,本书选择工具变量法进行回归,结果表明,企业生产经营中政策变化依然显著地负向影响企业绿色绩效水平提升。进一步的机制分析表明,政策变化通过要素投入结构效应影响能源消耗强度,通过技术进步抑制效应影响绿色技术研发,进而降低企业绿色绩效。本书证实政策变化的耗能效应是显著存在的,为绿色发展理念下严格管控能源消耗总量强度、显著提升企业绿色绩效提供微观经验证据,也为缓解资源环境瓶颈约束、实现经济高质量转型发展提供政策启示。

政策变化对企业技术创新的影响存在"先发效应"和"延迟效应"。本书研究了政策变化对企业技术创新的影响。结果显示,政策变化与企业技术创新在行业间和企业间存在较为显著的异质性;在总体样本层面,政策的不确定性显著促进企业技术创新,这一结论并没有随着城市行政级别、政策变化与城市行政级别的交互项、地方保护主义、金融可得性等控制变量的加入而有所改变,具有较强的稳健性。不过随着企业所在城市行政级别的提高,政策的不确定性负向影响企业技术创新。这些结果在考虑内生性和处理效应后依然保持较强的稳健性。在分样本层面,政策变化对中西部地区企业、出口企业、国有企业、合作企业和员工教育培训企业的影响更加显著。另外,本章还从政策变化对企业生产率的影响,探讨政策变化对企业技术创新的可能影响机制。

# 第二节　政策建议

本书利用世界银行中国企业微观数据库,对经济政策变化对制造业企业出口的影响进行分析。在对经济政策变化对企业出口的影响进行深入的研究后,结合当下中国的经济发展现状,本书提出以下政策建议:政府应该尽可能降低进行宏观调控政策的频率,建立稳定的经济市场秩序,保证市场稳定运行,这样将会使得企业出口增加,带动经济增长;经济政策变化对企业出口的影响机制是融资成本的增加,建议政府降低企业贷款的利息、交易的手续费等,从而使融资成本尽可能地降低,增加企业出口;对企业出口进行一系列奖励措施,发挥"一带一路"等对外经济交流政策的作用,企业应积极响应国家政策,国有企业起到引领和示范作用。

本书研究了全球价值链嵌入对企业创新绩效的影响。结合当下中国的经济发展现状,本书提出以下的政策建议:加快企业嵌入全球价值链的步伐和加深企业全球价值链嵌入的程度,把握机遇提升全球价值链嵌入地位。面对全球价值链重构的机遇,我国企业不仅要跟上全球价值链的步伐,更应该深化其在全球价值链中的地位,利用自身优势和国际市场资源,优化配置国内和国外资源,谋求更长远的发展,提高企业和国家在国际社会上的竞争力。鼓励企业实施开放式创新。嵌入全球价值链对企业创新绩效影响的内在机制是开放式创新,因此企业的创新活动要与全球经济紧密联系,改变企业传统的"闭门造车"的创新模式,将企业内部创新资源与全球创新要素合理搭配,不仅需要企业自身实行开创式创新活动,同时需要政府部门的政策支持,政府要在宏观经济政策方面鼓励企业实现合理的进出口经济活动,并且鼓励企业在经济竞争激烈的环境下,吸收先进的技术,以企业创新提高企业的竞争力,获得更广阔的国际市场。加大企业员工培训力度,提高企业人力资本积累潜能。本书研究发现,开展员工教育培训能很大程度上提高企业的创新活力,对推进企业开放式创新具有重要意义,能够促进企业创新绩效的提高。因此,企业应重视企业内部员工的教育培训,紧跟国际范围内的创新思维,积极拓展和获取外部创新信息,吸收前沿知识,鼓励员工的创新活动,提高企业的生产效率。

本书考察了营商环境改善对企业技术创新的影响。我们认为,考虑到营商环境改善的重要性以及营商环境改善存在的巨大提升空间,我国应该继续深化"放管服"改革,不断优化营商环境,不断降低市场交易成本,营造更加公开透明快捷高效的营商环境。这不仅有利于城市聚集更多高层次的专业人才,而且对于提高企业技术创新绩效,加强国家创新体系建设,加快创新型国家建设也具有现实意义。考虑到中国城市发展的特殊性和目前城市发展存在的行政扭曲、资源错配等问题,以及营商环境改善与城市行政级别的交叉项对企业技术创新水平具有显著的负向影响,建议尊重顺应城市自身发展规律,降低城市行政级别对营商环境改善与企业技术创新之间关系的负面调节效应,让市场在资源配置过程中发挥决定性作用。鉴于营商环境改善对企业技术创新的影响机制是国际贸易变化和个体受教育程度,企业应不断加大国际化程度,通过"出口中学习"效应获得技术外溢效应,加大对工人的教育培训增加企业人力资源存量。

本书考察了政策变化对企业绿色绩效的影响及其机制,提出以下政策建议:政府应尽可能降低宏观经济政策调整频率,确保企业生产经营活动拥有良好的政策预期和环境。政府频繁调整经济政策,有可能导致企业面临不确定不稳定的政策环境,进一步延迟企业绿色技术研发投资,降低企业产品(服务)绿色技术含量。建议企业加大对节能减排降耗和环境保护等绿色技术研发的投资,促使我国企业生产价值链向生态产业链转变,实现产业链、供应链、创新链、价值链、技术链等各个链条和各个环节之间有效衔接、深度融合、一体发展,从根源上实现能耗显著降低和绿色绩效稳步提升。引进数字化技术,促使我国企业生产方式和组织结构发展变革,推动企业生产经营活动数字化、智能化、绿色化、高端化发展,认真落实能耗总量和强度"双控"目标,提升企业绿色绩效水平。

2016年以来,随着民粹主义日趋泛滥、恐怖事件频发升级所带来的全球政治"黑天鹅"事件层出不穷,全球政策变化程度不断加深,世界主要国家政治局势暗流涌动、波诡云谲。本章在这种背景下,研究政策变化如何影响企业技术创新,具有非常强烈的现实意义。本书政策建议如下:各级政府在政策制定过程中应充分考虑政策变化的积极效应。已有研究过于强调政策变化的消极效应,导致各级政府在政策制定过程中多采取规避政治风险和政策变化的策略和建议。本章进一步深入挖掘政策变化的积极效应而且得到实证结果的充分支持。所以,政策制定过程中需要充分考虑政策变化的积极作用,权衡近期投资和远期投资之间的利弊。充分尊重顺应城市自身发展规律,使市场在资源配置中起决定性作用。我们发现,随着企业所在城市行政级别的提升,政策变化对企业技术创新的积极效应转换为消极效应,所以,建议尊重顺应城市自身发展规律,逐步降低城市行政级别对政策变化与企业技术创新之间关系的负面影响。充分发挥市场在创新要素和资源配置过程的决定性作用。推进开放式创新,加强企业间技术合作,提高企业人力资本积累潜能,开展企业国际化经营。我们发现,开展员工教育培训、推进开放式创新等能够发挥政策变化对企业技术创新的积极作用。重视开放式创新的核心作用,积极拓展和获取外部创新信息;多管齐下疏通传导渠道,发挥开放式创新的技术创新绩效促进效应;提升企业内部创新和外部创新均衡协调力度,增强技术创新绩效;不断加大员工教育培训力度,降低企业生产成本和提升企业生产效率。

## 第三节 未来研究方向和重点

随着经济全球化进程不断加快,国际分工的范围、程度和领域不断扩大加深,并逐步由不同产业间分工过渡到同一产业内部分工,进而演变为以产品内贸易为表现形式的产品内部分工,国际分工越来越表现为相同产品不同生产阶段、环节、工序等不同增值环节的多层次分工,从而形成全球价值链分工。全球价值链重塑对国际生产、国际贸易与投资、国家竞争优势等产生重要而深远的影响,世界各国经济依存度关联度不断增加,国际经济合作竞争程度持续增强。在全球价值链分工下,世界各国必须按照在全球价值链条上的分工环节组织生产经营,必须在全球价值链升级与重构中获取国际市场整合、要素配置效率提高、生产效率提升、经济结构优化、产品(服务)质量增强等红利。2008 年国际金融危机爆发迄今,全球经济进入深度调整与结构再平衡阶段,全球价值链也相应步入结构调整与重构升级。

国内外已有研究大多关注全球价值链嵌入机制、参与度、嵌入位置等,例如刘志彪和吴福象(2018)认为,"一带一路"GVCs 的双重嵌入表现为企业既嵌入本地化的产业集群,又嵌入 GVCs;集群既要在嵌入西方跨国公司主导的 GVCs 中向 GICs 升级,又要依托"一带一路"塑造以我为主的 IGVCs。戴翔等(2018)认为,对外直接投资对中国制造业攀升全球价值链具有积极促进作用,但对处于不同价值链分工地位或阶段的行业影响存在差异性,对位于全球价值链中端行业的促进作用要显著强于位于价值链低端和高端的行业。唐宜红和张鹏杨(2017)认为,FDI 对我国出口品中的国内附加值存在正向影响,但从全球价值链嵌入的影响机制上看,这一影响并不显著。倪红福(2018)认为,全球价值链的测定理论大致可以分为基于全球投入产出模型的宏观测度和基于企业与海关进出口统计数据的微观测度两条线索。吕越等(2018)发现,全球价值链嵌入对企业融资约束具有一定的缓解效应。张杰等(2013)利用与吕越等(2018)相同的数据库,综合考虑中间投入品进口、资本品进口等因素后,测算中国企业的全球价值链嵌入程度。程大中(2015)通过跨国投入—产出分析从中间品关联、增加值关联、投入—产出关联三个角度综合评估中国参与全球价值链分工的程度及演变趋势。

　　党的十九大报告提出,推动形成全面开放新格局,加快培育国际经济合作竞争新优势。[①] 如何衡量和评估政策变化对全球价值链重构进而对我国培育国际经济合作竞争新优势的影响,是一个具有重要理论价值和实际应用价值的战略命题。在理论层面,已有研究大多关注全球价值链嵌入机制、参与度、嵌入位置等,既缺乏研究政策变化对全球价值链重构的影响,又缺乏全球价值链重构对国际合作竞争新优势的影响。在实践层面,在政治不确定时代,如何把握全球价值链重构的机遇与挑战,通过不断提升我国产品质量、技术、服务、品牌等水平,不断培育引领我国国际开放合作竞争新优势,实现从贸易大国到贸易强国的转变等显得非常重要和迫切。

　　这一部分的研究目标是理论分析和实证分析政策变化对我国企业全球价值链嵌入的影响程度和影响方式,探究政策变化影响全球价值链重构的内在机制,进而对我国培育引领国际经济合作竞争新优势的影响,为我国产业突破价值链低端锁定困境,实现价值链中高端攀升和从贸易大国向贸易强国转变等提供决策支撑和政策建议。

　　未来的研究内容包括:(1)政策变化对全球价值链重构的影响研究。在已有成果的基础上,编制主要国家或地区政治不确定指数,检验本章编制方法和编制结果的合理性和准确性。分别利用基于全球投入产出模型的宏观测度和基于企业与海关进出口统

──────────

　　① 习近平:《决胜全面建成小康社会　夺取新时代中国特色社会主义伟大胜利》,人民出版社 2017 年版,第 34—35 页。

计数据的微观测度动态分析我国产业或企业全球价值链嵌入程度。利用双限制 Tobit 模型进行回归分析,考察政策变化对企业全球价值链嵌入程度的影响,并利用双重差分法和三重差分法等方法进行政策评估,同时进行稳健性检验、分样本回归和内在机制分析。最后得到结论和提出政策建议。(2)全球价值链嵌入与国际合作竞争新优势培育。首先,探析全球价值链嵌入与国际合作竞争新优势培育的作用机理;其次,从静态和动态两个方面分析全球价值链嵌入的开放经济效应;再次,分析开放经济对我国企业嵌入全球价值链的生产率效应、质量效应和技术效应;最后,在全球价值链重构背景下分析我国国际合作竞争优势的变化与评价,并从加大人力资本培育、提高技术研发绩效、调整生产要素资源错配和全面优化营商环境等方面提升现有比较优势和构建新比较优势,从而实现全球价值链嵌入位置的持续跃迁和不断攀升。

拟解决的关键问题包括:政策变化与全球价值链重构的作用机理和影响程度。已有成果大多研究经济政策变化对我国企业国际化的影响,很少有文献涉及政策变化对全球价值链重构的影响。近几年,单边主义和贸易保护主义甚嚣尘上,反全球化思潮重新涌现,美国不断炮制“毒药合同”和“毒药条款”孤立我国,我国存在被排挤在整个全球价值链分工体系之外的潜在可能和危险,国际政治和国际关系面临着前所未有的不确定性。在这种情况下,分析政策变化与全球价值链重构之间的作用机理和影响程度具有重要的实际应用价值,不仅有利于我国更加深度融入全球价值链,为提高我国全球价值链的位置与参与度提供政策建议,而且有利于提高我国企业全要素生产率和培育质量、技术、服务、品牌等国际开放合作竞争新优势。众所周知,嵌入全球价值链并不能确保从国际分工体系中获取收益。只有不断提升全球价值链嵌入位置和增强全球价值链参与度,提高出口产品国内附加值和技术复杂度,才可能从全球价值链分工中获得生产效率提升、产品质量增强、服务水平提高、技术水平提升和国际品牌塑造等红利。因此,如何不断提高我国产业在全球价值链分工体系中的位置和参与度,不断培育引领我国国际开放合作竞争新优势是一个具有实际应用价值的战略命题。未来研究将构建我国国际开放合作竞争优势的评价体系指标,从动态角度评估我国国际开放合作竞争优势的变化,并从全球价值链嵌入角度对如何提升我国国际开放合作竞争现有优势和构建我国国际开放合作竞争新优势等提出政策建议。

另外,我们发现,已有研究大多关注政策变化的消极效应,认为政策变化造成个体企业未来不确定性程度加深,企业在面临政策变化时最优的选择是采取延迟策略,实施持币观望,缺乏对其积极效应的足够重视,导致政策制定和政策建议出现一定程度的偏误。本章在微观层面考察政策变化对企业技术创新的影响,结果发现,政策的不确定性显著促进企业技术创新,政策变化通过影响企业生产率来促进企业技术创新等,这些结论对于进一步拓展政策变化的积极效应,丰富政策变化理论内涵等具有重要的理论价值和启发作用。未来的研究可以在以下三个方面展开:一是进一步科学合理全面地测算政策变化。已有研究从定性和定量两个角度分别采取二分决策方法和选举激烈程度测算政策变化,具有一定的学术价值。未来需要结合定性分析和定量分析两种方法,采用多维层面数据更加科学合理地测算政策变化,尽量减少测量误差和内生性。二是开展政策变化及企业技术创新的动态影响研究。未来研究可以采用短面板数据对政策变化对企业技术创新的动态影响进行研究,观测这种影响在长期是否有波动,探究影响这种变化的内在机制等。三是开展东道国政策变化对我国国际合作竞争新优势的影响研究。2008年国际金融危机爆发迄今,全球经济进入深度调整与结构再平衡阶段,全球价值链也相应步入结构调整与重构升级。东道国政策变化如何影响我国企业全球价值链中高端攀升以及如何影响我国国际合作竞争新优势培育与引领等问题确实值得进一步深入思考和探究。

# 参考文献

1. 陈劲、陈钰芬:《开放创新体系与企业技术创新资源配置》,《科研管理》2006 年第 3 期。

2. 陈劲、阳银娟:《外部知识获取与企业创新绩效关系研究综述》,《科技进步与对策》2014 年第 1 期。

3. 陈俊、吴进:《企业创新绩效影响因素研究》,《价值工程》2012 年第 18 期。

4. 陈强:《高级计量经济学及 Stata 应用》(第 2 版),高等教育出版社 2014 年版。

5. 陈曦、缪小明:《开放式创新、企业技术能力和创新绩效的关系研究》,《科技管理研究》2012 年第 7 期。

6. 程大中:《中国参与全球价值链分工的程度及演变趋势——基于跨国投入—产出分析》,《经济研究》2015 年第 9 期。

7. 程惠芳、梁越:《贸易政策变化与异质性企业生产率——基于我国制造业企业数据的实证研究》,《国际贸易问题》2014 年第 7 期。

8. 戴翔、张二震、王原雪:《全面开放新格局:内涵、路径及方略》,《贵州社会科学》2018 年第 3 期。

9. 冯根福、刘虹、冯照桢:《股票流动性会促进我国企业技术创新吗?》,《金融研究》2017 年第 3 期。

10. 郭京京、周丹、李强:《知识属性、技术学习惯例与企业创新绩效:规模的调节效应》,《科研管理》2017 年第 12 期。

11. 郭平:《政策不确定性与企业研发投资》,《山西财经大学学报》2016 年第 10 期。

12. 何悦、朱桂龙、戴勇:《企业创新绩效影响因素的系统动力学研究》,《软科学》2010 年第 7 期。

13. 稽登科:《企业网络对企业技术创新绩效的影响研究》,浙江大学 2006 年硕士学位论文。

14. 贾倩、孔祥、孙铮:《政策不确定性与企业投资行为——基于省级地方官员变更的实证检验》,《财经研究》2013 年第 2 期。

15. 江兵:《企业入驻高新技术园区提高了创新绩效吗？——基于倾向得分匹配的实证研究》,《科技管理研究》2018 年第 13 期。

16. 江艇、孙鲲鹏、聂辉华:《城市级别、全要素生产率和资源错配》,《管理世界》2018 年第 3 期。

17. 李忠民:《人力资本——一个理论框架及其对中国一些问题的解释》,经济科学出版社 1999 年版。

18. 凌学忠、吴贵生、李纪珍:《国家开放创新体系构成要素与国家绩效间关系的实证研究》,《技术经济》2016 年第 4 期。

19. 刘洪铎、陈和:《目的国经济政策不确定性对来源国出口动态的影响》,《经济与管理研究》2016 年第 9 期。

20. 刘烈龙、张乖利:《人力资本绩效在企业绩效中的地位分析》,《嘉应学院学报》2004 年第 2 期。

21. 刘志彪、吴福象:《"一带一路"倡议下全球价值链的双重嵌入》,《中国社会科学》2018 年第 8 期。

22. 刘志彪、张杰:《从融入全球价值链到构建国家价值链:中国产业升级的战略思考》,《学术月刊》2009 年第 9 期。

23. 陆铭、向宽虎:《破解效率与平衡的冲突——论中国的区域发展战略》,《经济社会体制比较》2014 年第 4 期。

24. 路风:《国有企业转变的三个命题》,《中国社会科学》2000 年第 5 期。

25. 罗党论等:《地方官员变更与企业风险》,《经济研究》2016 年第 5 期。

26. 吕越、盛斌、吕云龙:《"市场分割"会导致企业出口的国内附加值率下降吗?》,《中国工业经济》2018 年第 5 期。

27. 莫斯惠:《技术商业化能力、开放式创新与企业成长性》,《财会通讯》2017 年第 36 期。

28. 倪红福:《全球价值链测度理论及应用研究新进展》,《中南财经政法大学学报》2018 年第 3 期。

29. 沈坤荣、金刚、方娴:《环境规制引起了污染就近转移吗?》,《经济研究》2017 年第 5 期。

30. 盛丹:《基础设施对我国企业出口行为的影响——"集约边际"还是"扩展边际"?》,《世界经济》2011 年第 1 期。

31. 宋艳、邵云飞:《企业创新绩效影响因素的动态研究——以九州电器集团公司创新实践为例》,《软科学》2009 年第 9 期。

32. 苏振东、洪玉娟、刘璐瑶:《政府生产性补贴是否促进了中国企业出口?——基于制造业企业面板数据的微观计量分析》,

《管理世界》2012 年第 5 期。

33. 唐宜红、张鹏杨:《FDI、全球价值链嵌入与出口国内附加值》,《统计研究》2017 年第 4 期。

34. 万俊、梅静娴:《基于半参数模型的企业创新绩效影响因素实证研究》,《中国总会计师》2015 年第 9 期。

35. 王文成:《全球价值链嵌入对我国企业创新的影响》,《改革》2018 年第 6 期。

36. 王智新、赵景峰:《开放式创新、全球价值链嵌入与技术创新绩效》,《科学管理研究》2019 年第 1 期。

37. 王智新:《服务投入、企业出口与产业升级》,知识产权出版社 2021 年版。

38. 王智新:《异质性企业创新与国际化模式选择研究》,人民出版社 2020 年版。

39. 徐业坤、钱先航、李维安:《政治不确定性、政治关联与民营企业投资》,《管理世界》2013 年第 3 期。

40. 杨瑞龙、刘刚:《企业的异质性假设和企业竞争优势的内生性分析》,《中国工业经济》2002 年第 1 期。

41. 余官胜:《我国出口贸易和技术创新关系实证研究——基于联立方程组》,《科学学研究》2011 年第 2 期。

42. 余绪鹏:《官员晋升锦标赛:经济增长的政治逻辑——基于相关文献的梳理与分析》,《华东经济管理》2016 年第 6 期。

43. 张方华:《网络嵌入影响企业创新绩效的概念模型与实证分析》,《中国工业经济》2010 年第 4 期。

44. 张会清:《地区营商环境对企业出口贸易的影响》,《南方经济》2017 年第 10 期。

45. 张杰、陈志远、刘元春:《我国出口国内附加值的测算与变化机制》,《经济研究》2013 年第 10 期。

46. 张三峰、魏下海:《信息与通信技术是否降低了企业能源消耗》,《中国工业经济》2019 年第 2 期。

47. 张维迎、吴有昌、马捷:《公有制经济中的委托人—代理人关系:理论分析和政策含义》,《经济研究》1995 年第 4 期。

48. 张西征、刘志远、王静:《企业规模与 R&D 投入关系研究——基于企业盈利能力的分析》,《科学学研究》2012 年第 2 期。

49. 张龑、孙浦阳:《双边营商环境、契约依赖和贸易持续期》,《财贸研究》2016 年第 4 期。

50. 周黎安:《中国地方官员的晋升锦标赛模式研究》,《经济研究》2007 年第 7 期。

51. 周申、杨传伟:《我国关税的有效保护率及其变化:基于 2004 年数据的考察》,《财经研究》2006 年第 9 期。

52. 周守华、吴春雷、刘国强:《企业生态效率、融资约束异质性与出口模式选择》,《财贸经济》2015 年第 10 期。

53. 朱晋伟、王杨阳、梅静娴:《高技术产业间创新绩效及影响因素差异比较分析——基于面板数据的半参数模型》,《系统工程理论与实践》2015 年第 12 期。

54. Abadie, A. and G. W., "Imbens Bias Corrected Matching Estimators for Average Treatment Effects", *Journal of Business and Economic Statistics*, Vol.29, No.1, 2011.

55. Alessandria George, Choi Horag, Kaboski Joseph P., Midrigan Virgiliu, "Microeconomic Uncertainty, International Trade, and Aggregate Fluctuations", *Journal of Monetary Economics*, Vol. 69,

No.1,2015.

56. Andrew B. Bernard, Andreas Moxnes and Yukiko U. Saito., "Production Networks, Geography and Firm Performance", *Centre for Economic Performance Discussion Papers*, No.1435, 2016.

57. Atanassov J., Julio B. and Leng Tiecheng, "The Bright Side of Political Uncertainty: The Case of R&D", Available at SSRN: http://dx.doi.org/10.2139/ssrn.2693605, 2015.

58. Becker M., T. Knudsen, "The Role of Routines in Reducing Pervasive Uncertainty", *Journal of Business Research*, Vol.58, No.6, 2005.

59. Berrone P., Fosfuri A. and Gelabert L., "Necessity as the Mother of 'Green' Inventions: Institutional Pressures and Green Innovations", *Strategic Management Journal*, Vol.34, No.8, 2013.

60. Bertrand, M., Kramarz, "Does Entry Regulation Hinder Job Creation? Evidence from the French Retail Industry", *Quarterly Journal of Economics*, Vol.117, No.4, 2002.

61. Bianco, M., F. Bripi, "Administrative Burdens on Business Activities: Regional Disparities", *Giornale degli Economisti e Annali di Economia*, Vol.69, No.2, 2010.

62. Bloom, N., C. Genakos, R. Martin, R. Sadun Modern Management, "Good for the Environment or Just Hot Air", *Economic Journal*, Vol.120, No.5, 2010.

63. Brogaard J., Detzel A., "The Asset Pricing Implications of Government Economic Policy Uncertainty", *Management Science*, Vol.61, No.1, 2015.

64. Buckley P. J., Clegg L. J. and Cross A. R., et al., "The Determinants of Chinese Outward Foreign Direct Investment", *Journal of International Business Studies*, Vol.38, No.4, 2007.

65. CaoChunfang, Li Xiaoyang and Liu Guilin, "Political Uncertainty, Cross-Border Acquisitions", *Review of Finance*, Vol.23, No.2, 2019.

66. Carlin, W., M. Schaffer, P. Seabright, "Whereare the Real Bottlenecks? Evidence from 20000 Firms in 60 Countries about the Shadow Costs of Constraints to Firm Performance", IZA Discussion Paper, No.3059, 2007.

67. Carmignani F., "Political Instability, Uncertainty and Economics", *Journal of Economic Surveys*, Vol.17, No.1, 2003.

68. Chau F., Deesomsak R., Wang J., "Political Uncertainty and Stock Market Volatility in the Middle East and North African(MENA) Countries", *Journal of International Financial Markets, Institutions & Money*, Vol.28, No.1, 2014.

69. Chesbrough, H., "The Logic of Open Innovation Managing Intellectual Property", *California Management Review*, Vol.45, No.3, 2003.

70. Chong A., Gradstein M., "Volatility and Firm Growth", *Journal of Economic Growth*, Vol.14, No.1, 2009.

71. Coase R., "The Problem of Social Cost", *Journal of Law and Economics*, Vol.3, No.1, 1960.

72. Commander, S. and Svejnar, J., "Business Environment, Exports, Ownership and Firm Performance", *The Review of Economics*

*and Statistics*, Vol.93, No.1, 2011.

73. Crowley, M. A., Meng, N., Song, H. Tariff Scares, "Trade Policy Uncertainty and Foreign Market Entry by Chinese Firms", *Journal of International Economics*, Vol.114, No.9, 2018.

74. Cull, Robert, Xu, Lixin Colin, Yang, Xi, Zhou, Li-An, Zhu, Tian, "Market Facilitation by Local Government and Firm Efficiency: Evidence from China", *Journal of Corporate Finance*, Vol. 42, No.1, 2017.

75. David Dollar, MaryHallward-Driemeier, and Taye Mengistae. "Investment Climate and Firm Performance", *Developing Economies*, Vol.54, No.1, 2005.

76. Ding, Haoyuan, Fan, Haichao and Lin, Shu, "Connect to Trade", *Journal of International Economics*, Vol.110, No.1, 2018.

77. Diwan, I., Keefer, P., Schiffbauer and M.Pyramid Capitalism, "Political Connections, Regulation, and Firm Productivity in Egypt", *World Bank Policy Research Working Paper*, 2015.

78. Edwards, Lawrence andBalchin, Neil., "Trade Related Business Climate and Manufacturing Export Performance in Africa: A Firm-level Analysis", *MPRA Paper*, No.32863, 2008.

79. Elbadawi, I., Mengistae, T. and Zeufack, A., "Market Access, Supplier Access and Africa, Manufactured Export: An Analysis of the Role of Geography and Institutions", *The Journal of International Trade & Economic Development*, Vol.15, No.4, 2006.

80. Fang et al., "The Effect of Economic Policy Uncertainty on the Long-term Correlation between U.S. Stock and Bond Markets",

*Economic Modeling*, Vol.66, No.1, 2017.

81. Farole, Thomas, Hallak, Issam, Harasztosi, Peter, Tan, Shawn Weiming, Farole Thomas, Hallak, Issam, Harasztosi, Peter and Tan, Shawn Weiming, "Business Environment and Firm Performance in European Lagging Regions", *The World Bank Policy Research Working Paper Series*, No.8281, 2017.

82. Feng Ling, Li Zhiyuan and Swenson Deborah L., "Trade Policy Uncertainty and Exports: Evidence from China's WTO Accession", *Journal of International Economics*, Vol.106, No.1, 2017.

83. Finkelstein S., "Top Management Team Tenure and Organizational Outcome: The Moderating Role of Managerial Discretion", *Administrative Science Quarterly*, Vol.35, No.1, 1995.

84. Garret Binding, AndreasDibiasi, "Exchange Rate Uncertainty and Firm Investment Plans Evidence from Swiss Survey Data", *Journal of Macroeconomics*, Vol.51, No.1, 2017.

85. Gholamreza Zamanian, Kamran Mahmodpour and Sepideh Yari, "Exchange Rate Uncertainty Effect on Export-Oriented Companies at Tehran Stock Exchange Rate of Return: A Panel-Vector Autoregressive Model", *International Journal of Economics and Financial Issues*, Vol.7, No.1, 2017.

86. Giavazzi Francesco, Michael McMahon, "Policy Uncertainty and Household Savings", *Review of Economics and Statistics*, Vol.94, No.2, 2012.

87. Gilchrist S., Sim J., Zakrajsek E., "Uncertainty, Financial Frictions and Investment Dynamics", *Society for Economic Dynamics*

*Meeting Papers*, No.1285, 2014.

88. Graham R. C., Morrill C. K. J. and Morrill J. B., "The Value Relevance of Accounting under Political Uncertainty: Evidence Related to Quebec's Independence Movement", *Journal of International Financial Management and Accounting*, Vol.16, No.1, 2005.

89. Guiso Luigi, Tullio Jappelli and Mario Padula, "Pension Wealth Uncertainty", *Journal of Risk and Insurance*, Vol. 80, No.4, 2013.

90. Gulen H., Ion M., "Policy Uncertainty and Corporate Investment", *Review of Financial Studies*, Vol.29, No.3, 2016.

91. Handley K. and Limão N., "Policy Uncertainty, Trade and Welfare: Theory and Evidence for China and the U.S.", *The American Economic Review*, Vol.107, No.9, 2017.

92. Handley K., Limão N., "Trade and Investment under Policy Uncertainty: Theory and Firm Evidence, American Economic Journal: Economic Policy", *American Economic Association*, Vol.7, No.4, 2015.

93. Handley K., "Exporting under Trade Policy Uncertainty: Theory and Evidence", *Journal of International Economics*, Vol. 46, No.5, 2014.

94. Hastbacka, M. A., "Open Innovation: What's Mine Is Mine, What If Yours Could be Mine, Too?", *Technology Management Journal*, Vol.12, 2004.

95. Huang Tao, et al., "Political Risk and Dividend Policy: Evidence from International Political Crises", *Journal of International Business Studies*, Vol.46, No.5, 2015.

96. Inmaculada Martínez-Zarzoso, Florian Johannsen, "Monetary Uncertainty and Trade in Eastern Europe and Central Asia: A Firm-level Analysis", *International Business Review*, Vol.26, No.3, 2017.

97. J. SylvanKatz and Guillermo Armando, "Cooperation, Scale Invariance and Complex Innovation Systems: A Generalization", *Scientometrics*, Vol.121, No.2, 2019.

98. Jens C. E., "Political Uncertainty and Investment: Causal Evidence from U. S. Gubernatorial Elections", *Journal of Financial Economics*, Vol.124, No.3, 2017.

99. Julio B., Yook Y., "Political Uncertainty and Corporate Investment Cycles", *Journal of Finance*, Vol.67, No.1, 2012.

100. Kesten J. B., Mungan M. C., "Political Uncertainty and the Market for IPOs", *Journal of Corporation Law*, Vol.41, No.2, 2016.

101. Kexin Bi, Huizi Ma, Ping Huang, "Informatization and Process Innovation: A China Case Study", *Journal of Applied Sciences*, Vol.13, No.9, 2013.

102. Kim H., Kungy H., "The Asset Redeployability Channel: How Uncertainty Affects Corporate Investment", *Review of Financial Studies*, Vol.30, No.1, 2017.

103. Kulatilaka N., Perotti E. C., "Strategic Growth Options", *Management Science*, Vol.44, No.8, 1998.

104. LauraKainiemi, Sanni Eloneva, Mika Järvinen, "An Assessment of the Uncertainties Related to Bioenergy Applications", *Management of Environmental Quality*, Vol.25, No.3, 2014.

105. Lee W., Pittman J., Saffar W., "Political Uncertainty and

Cost Stickiness: Evidence from National Elections around the World", *Contemporary Accounting Research*, Vol.37, No.2, 2020.

106. Li, Qingyuan, Maydew E.L., Willis R.H., Xu L., "Corporate Tax Behavior and Political Uncertainty: Evidence from National Elections around the World", *Vanderbilt Owen Graduate School of Management Research Paper*, No.2498198, 2018.

107. Limão N., Maggi G., "Uncertainty and Trade Agreements", *Microeconomics*, Vol.7, No.4, 2015.

108. Limão, N., enables, A. J., " Infrastructure, Geographical Disadvantage, Transport Costs and Trade", *World Bank Economic Review*, Vol.15, No.3, 2001.

109. Maloney, W.F., Azevedo R.R., "Trade Reform, Uncertainty, and Export Promotion: Mexico 1982 – 1988", *Journal of Development Economics*, Vol.48, No.1, 1995.

110. Marc J. Melitz, Daniel Trefler, "Gains from Trade When Firms Matter", *Journal of Economic Perspectives*, Vol.26, No.2, 2012.

111. Marc J.Melitz, Stephen J.Redding, "New Trade Models, New Welfare Implications", *American Economic Review*, Vol. 105, No.3, 2015.

112. Marc J. Melitz, " The Impact of Trade on Intra-Industry Reallocations and Aggregate Industry Productivity", *Econometrica*, *Econometric Society*, Vol.71, No.6, 2003.

113. MarkGreeven, Geerten Van de Kaa, "Towards Understanding the Business Environment for Innovation in China: A Research Note", *International Journal of Business Environment*, Vol.5, No.4, 2013.

114. Michael Song, "Crony Capitalism with Chinese Characteristics", *Society for Economic Dynamics*, 2014, Meeting Papers No.3152, 2014.

115. Minton B. A., Schrand C., "The Impact of Cash Flow Volatility on Discretionary Investment and the Costs of Debt and Equity Financing", *Journal of Financial Economics*, Vol. 54, No.3, 1999.

116. MiriamBruhn, "License to Sell the Effect of Business Registration Reform on Entrepreneurial Activity in Mexico", *The Review of Economics and Statistics*, Vol.93, No.1, 2011.

117. Murillo-Luna J. L., Gares P., Rivera-Torres P., "Why Do Patterns of Environmental Response Differ? A Stakeholders' Pressure approach", *Strategic Management Journal*, Vol.29, No.11, 2008.

118. Nathaniel Horner, Antonio Geraldo de Paula Oliveira, Richard Silberglitt, Marcelo Khaled Poppe, Bárbara Bressan Rocha, "Energy Foresight, Scenarios and Sustainable Energy Policy in Brazi", *Foresight*, Vol.18, No.5, 2016.

119. Naudé Wim, Gries, Thomas, Bilkic, Natasa, "Firm-Level Heterogeneity and the Decision to Export: A Real Option Approach", *IZA Discussion Papers*, No.1435, 2013.

120. Liu Ning, Tang Shui-Yan, Zhan Xueyong and Carlos Wing-Hung Lo., "Policy Uncertainty and Corporate Performance in Government-sponsored Voluntary Environmental Programs", *Journal of Environmental Management*, Vol.219, No.1, 2018.

121. North D., Thomas R., *The Rise of the Western World: A New*

*Economic History*, Cambridge University Press, 1973.

122. North, D., *Institution*, *Institutional Change and Economic Performance*, Cambridge University Press, 1990.

123. Oriani R., Sobrero M., "Uncertainty and the Market Valuation of R&D within a Real Options Logic", *Strategic Management Journal*, Vol.29, No.4, 2008.

124. P. M. Carlile, E. S. Rebentisch, "Into the Black Box: The Knowledge Transform Ation Cycle", *Management Science*, Vol. 49, No.9, 2003.

125. Pástor L., Veronesi P., "Political Uncertainty and Risk Premia", *Journal of Financial Economics*, Vol.110, No.3, 2013.

126. Rahul Sindhwani, Varinder Kumar Mittal, Punj Lata Singh, Ankur Aggarwal and Nishant Gautam, "Modelling and Analysis of Barriers Affecting the Implementation of Lean Green Agile Manufacturing System", *Benchmarking: An International Journal*, Vol.26, No.2, 2019.

127. Rijkers B., Baghdadi L., Raballand G., "Political Connections and Tariff Evasion: Evidence from Tunisia", *World Bank Group*, Vol.31, No.2, 2015.

128. Rui Zhao, Xiao Zhou, Jiaojie Han, Chengliang Liu, "For the Sustainable Performance of the Carbon Reduction Labeling Policies Under an Evolutionary Game Simulation", *Technological Forecasting and Social Change*, Vol.112, No.1, 2016.

129. Scott R. Baker, Nicholas Bloom, Steven J. Davis, "Measuring Economic Policy Uncertainty", *The Quarterly Journal of Economics*,

Vol.131,No.4,2016.

130. Scott R. Baker, Nicholas Bloom, Brandice Canes-Wrone, Steven J. Davis and Jonathan Rodden, " Why Has U. S. Policy Uncertainty Risen since 1960?",*American Economic Review*,Vol.104, No.5,2014.

131. Sukhbir Sandhu, Marc Orlitzky, Céline Louche, " How Nation-level Background Governance Conditions Shape the Economic Payoffs of Corporate Environmental Performance ", *Management Decision*,Vol.120,No.3,2018.

132. Tegarden L.F., Hatfield D.E., Echols A.E., "Doomed from the Start:What is the Value of Selecting a Future Dominant Design?", *Strategic Management Journal*,Vol.20,No.6,1999.

133. Karen Van der Wiel, "Preparing for Policy Changes:Social Security Expectations and Pension Scheme Participation ", *IZA Discussion Paper*,No.3623,2008.

134. Vives, " Human Capital and Market Size ", *Papers in Regional Science*,Vol.98,No.1,2019.

135. Weeds H., "Strategic Delay in a Real Options Model of R&D Competition",*The Review of Economic Studies*, Vol. 69, No.3, 2002.

136. Wu Jie and WuZefu, "ISO Certification and New Product Success in an Emerging Market",*Asian Business & Management*, Vol.18,No.1,2019.

137. Yee Wai Hang, Tang Shui Yan, Carlos Lo Wing Hung, "Regulatory Compliance When the Rule of Law is Weak:Evidence

from China's Environmental Reform", *Journal of Public Administration Research and Theory*, Vol.26, No.1, 2016.

138. Yun Huang, PaulLuk, "Measuring Economic Policy Uncertainty in China", *China Economic Review*, Vol.59, No.C, 2020.

139. Zhu Q., Sarkis J., "Relationships between Operational Practices and Performance among Early Adopters of Green Supply Chain Management Practices in Chinese Manufacturing Enterprises", *Journal of Operations Management*, Vol.22, No.3, 2004.

# 后　记

　　这些年,自己一直从事政策变化背景下国际贸易与技术创新方面的研究,今日将这些所思所想整理成书出版,也算是了却了一桩心愿。

　　感谢我的老师赵景峰教授。自2004年初次结识以来,至今已有十六年有余。我想用"亦师亦友"这个词语来形容和先生之间的关系。"亦师",先生大我十八岁,在我做学问方面言传身教悉心指导。时至今日,先生的谆谆教导总是铭记在心。"亦友",十来年间,先生在为人处世方面多次给我开导解惑,帮我走出困境,使我逐步养成了乐观豁达、开朗大度的性情,也算是一种"忘年交"吧。

　　感谢我的单位领导和老师们。感谢河北大学经济学院院长成新轩教授,她既是我的领导也是我的老师,总是不断鼓励我勇于钻研,多出高质量成果。还要感谢顾六宝教授、王金营教授、李惠茹教授、马文秀教授、尹成远教授、胡耀岭教授、陈兰杰教授、周稳海教授、郑林昌教授、席增雷教授、户艳领教授等,他们在本书撰写过程中给予很大支持,提出很多宝贵的修改意见。还要感谢我的研究生辛文锦、郭家琛、王辰莜等,他们帮助我完成书稿的校对工作。

最后感谢我的家人。我的父母一辈子辛苦,好不容易把我们姐弟三个抚养成人。时至今日,自己事业略有小成,总想把他们接过来尽尽孝心。也许是不愿意给我增添负担,也许是喜欢自由自在的生活,他们每次过来只是住上一段时间就回老家了。我尊重他们,更尊重他们的选择,毕竟每个人都喜欢无拘无束。还要感谢我的爱人梁翠女士和我的女儿王培君、儿子王修远。当我 2016 年准备写这本书时,培君才牙牙学语,修远刚刚出生。如今,女儿已经上一年级,儿子开始分享他的喜怒哀乐了。他们始终是我努力工作、乐观向上的动力。感谢人民出版社郑海燕女士,她的专业水平和积极鼓励最终促成了本书的出版。

这本书前前后后经历了四年时间,其中甘苦唯有自知。最后,我用世界大文豪莫泊桑在《一生》这部长篇小说中的一句话,结束这项工作:

"生活不可能像你想象的那么好,但也不会像你想象的那么糟。我觉得人的脆弱和坚强都超过自己的想象。有时我可能脆弱得一句话就泪流满面,可有时我也发现自己可以咬着牙走很长很长的路。"

王智新

2021 年 3 月 1 日